SEE IT
and SAY IT
in ITALIAN

is one of the SIGNET language series
books especially designed to meet the
needs of the beginner. It is a simple and
straightforward conversation course that
makes learning Italian fun.

Also available is Signet's SEE IT AND SAY IT
IN SPANISH, SEE IT AND SAY IT IN FRENCH
and SEE IT AND SAY IT IN GERMAN.

SIGNET "See It and Say It" Series

Valuable guides to learning languages the easy way—SEE IT AND SAY IT—a word-and-picture approach that gives quick mastery without the aid of a teacher. Complete word lists, pronunciation guides and grammar sections.

☐ **SEE IT AND SAY IT IN SPANISH by Margarita Madrigal.**
(#E8685—$1.75)

☐ **SEE IT AND SAY IT IN FRENCH by Margarita Madrigal.**
(#E8941—$1.75)

☐ **SEE IT AND SAY IT IN GERMAN by Margarita Madrigal and Inge Halpert.** (#E9096—$1.75)

☐ **EL INGLÉS EN ACCIÓN / SEE IT AND SAY IT IN ENGLISH by Robert J. Dixson.** (#E8060—$1.75)

The Language Passport Series

Based on words most often used, these books provide the daily-life vocabulary you need to add color to your conversation, and to travel, shop, or sight-see. Also includes travel tips.

☐ **PASSPORT TO FRENCH by Charles Berlitz.** (#E9237—$1.75)
☐ **PASSPORT TO GERMAN by Charles Berlitz.** (#W8483—$1.50)
☐ **PASSPORT TO ITALIAN by Charles Berlitz.** (#W8322—$1.50)
☐ **PASSPORT TO SPANISH by Charles Berlitz.** (#E9098—$1.75)

SEE IT
and SAY IT
in ITALIAN

by

Margarita Madrigal

and

Giuseppina Salvadori

A SIGNET BOOK from
NEW AMERICAN LIBRARY
TIMES MIRROR

Published as a SIGNET BOOK
By arrangement with Regents Publishing Co., Inc.

 SIGNET TRADEMARK REG. U.S. PAT. OFF. AND FOREIGN COUNTRIES
REGISTERED TRADEMARK—MARCA REGISTRADA
HECHO EN CHICAGO, U.S.A.

SIGNET, SIGNET CLASSICS, MENTOR, PLUME, MERIDIAN AND NAL
BOOKS *are published by The New American Library, Inc.,*
1633 Broadway, New York, New York 10019

13 14 15 16 17 18 19

PRINTED IN THE UNITED STATES OF AMERICA

PREFACE

It is so easy for an English-speaking person to learn Italian. Through Latin, both languages stem from a common root and share "a lingual ancestry." Indeed, there are so many similarities between the two languages that some people describe them as "language cousins." Thousands of words in Italian are similar to or identical with their English equivalents; and a great many words sound almost alike. Then, too, Italian pronunciation is easier. It is straightforward, without any of the "exceptions" that occur in English.

The approach here is progressive. From the very beginning, the student is on familiar ground. Many words that are in common use in both languages, that look and sound alike, and that relate to ordinary, everyday situations are used. On so firm a beginning, the student can, with confidence, proceed to more complex sentences. With every step forward he can add to his vocabulary and develop his verbal facility.

Anyone who has ever tried to learn a language by the laborious route of memorizing complex grammar rules, and has had to struggle with the numerous exceptions to these rules, will be pleasantly surprised at how easy it is to learn Italian with the method used in this book.

Nothing, of course, is done without effort. Nevertheless, with the help of a few simple steps conscientiously followed, learning Italian can be a pleasure. The method here followed makes the student want to learn. Before he has gone very far, before he is even aware of it, he will be speaking Italian. And he will love it.

A unique feature of this book is that each page contains one lesson by itself. Physically, this arrangement makes it easier to work with and to use the book. From the teaching and learning point of view, it is an arrangement that presents each lesson as a separate and complete unit, allowing for quicker and more direct reference.

A Few Suggestions

For the Student—The words and phrases that head each lesson are those to be studied in that lesson. Familiarize yourself with them. When you think you know them, read the rest of the lesson and study it.

The small drawings are there to make studying easier for you. With their help you can avoid doing difficult exercises and frustrating drills. You will be able to understand every word as you go along. If, however, you are in doubt as to the meaning of a word, consult the vocabulary at the end of the book.

The fact that each lesson is on a separate page should be very helpful to you in your studies. Take full advantage of this. At first, there will be a natural tendency for you to "begin at the beginning" and follow through with the lessons in regular order.

After a while, however, you will discover that the arrangement of a separate page for each lesson gives you another way of studying. You will find that you don't necessarily have to start with the first lesson and follow through in sequence. You can start wherever you wish. You can shift back and forth among the lessons; you can go on to a new lesson when you feel ready for it; you can study several lessons simultaneously, and you can keep on reviewing what you have learned, at your own convenience.

For the Teacher—The most important aim of this book is to provide you with a book that will "help you to help your students" master Italian.

The lessons are so presented that they can be easily adapted for dialogue teaching. You ask the questions and the student will be able to answer them.

As a teacher, you too will find "a lesson a page" a great convenience. This arrangement will help you to plan your lessons in the classroom, to assign homework and to devise tests as you go along.

The grammar section at the end of the book provides a useful list of verbs and exercises. You will find them handy in extending the scope of your teaching.

For Everybody—This book includes a traveler's word list and a pronunciation guide. If you happen to be planning a trip to Italy take advantage of these.

Learn Italian with this book. Now turn to the first lesson and start speaking in Italian.

Margarita Madrigal
Giuseppina Salvadori

CONTENTS

PRONUNCIATION GUIDE

A   The letter A is always pronounced A as in **star**.

E   The letter E is pronounced E as in **test**.

I   The letter I is pronounced I as in **machine**.

O   The letter O is pronounced O as in **obey**.

U   The letter U is pronounced OO as in **cool**.

C   1. The C before A,O,U is pronounced K.

       2. The C before E or I is pronounced CH as in **child**.

CH   CH is pronounced K as in **keen**.

G   1. The G before A,O,U is as the G in **go**.

       2. The G before E or I is as the G in **gentle**.

GH   GH is as the G in **get**.

GLI   GLI is LYEE as in **collier**.

GN   GN is NY as in **canyon**.

S   1. S is as the S in **so**.

       2. S between vowels is Z as in **cozy**.

SC   SC is as SH.

SS   SS is S as in **so**.

Z   Z is pronounced TZ.

H   The H is always silent in Italian.

Double letters are pronounced with more emphasis than single letters.

The letters which are not listed above are pronounced as they are in English, but more distinctly.

vado, I'm going
al parco, to the park
al ristorante,
    to the restaurant

al, to the
al teatro, to the theater
al cinema, to the movies

Vado al parco.

Vado al ristorante.

Vado al teatro.

Vado al cinema.

vado, I'm going
va? are you going?

Vado al parco.
Va al parco?

Note: In Italian you generally drop subject pronouns:
    I, you, we, they, etc.

non vado, I'm not going
al teatro, to the theater

al, to the
al cinema, to the movies

Non vado al club.

Non vado al teatro.

Non vado al cinema.

Non vado al garage.

va? are you going?
vado, I'm going
non va? aren't you going?
non vado, I'm not going

Va al club?
Vado al garage.
Non va al teatro?
Non vado al teatro.

va? are you going?
vado, I'm going
al mare, to the seashore
al museo, to the museum

al, to the
sì, yes
al ballo, to the dance
al concerto, to the concert

Va al concerto?
Sì, vado al concerto.

Va al ballo?
Sì, vado al ballo.

Va al museo?
Sì, vado al museo.

Va al mare?
Sì, vado al mare.

va: you are going
he is going
she is going
it is going

are you going?
is he going?
is she going?
is it going?

andiamo, let's go   **al,** to the

Andiamo al ristorante.

Andiamo al parco.

Andiamo al cinema.

Andiamo al teatro.

Andiamo al club.
Andiamo al garage.

EXERCISE

Translate the following sentences into Italian:

1. I'm going to the movies.
2. I'm going to the seashore.
3. Let's go to the theater.
4. I'm going to the park.
5. Let's go to the restaurant.
6. Let's go to the dance.
7. I'm going to the concert.
8. I'm going to the club.
9. I'm not going to the dance.
10. I'm going to the garage.

Check your sentences with those below:

1. Vado al cinema.
2. Vado al mare.
3. Andiamo al teatro.
4. Vado al parco.
5. Andiamo al ristorante.
6. Andiamo al ballo.
7. Vado al concerto.
8. Vado al club.
9. Non vado al ballo.
10. Vado al garage.

è, is   grande, big
il, the   il parco, the park

Il parco è grande.

Il cavallo è grande.

Il treno è grande.

Il piano è grande.

Il garage è grande.
Il club è grande.
Il taxi è grande.

è: you are   are you?
he is   is he?
she is   is she?
it is   is it?

E grande il treno?   *Is the train big?*

Note: Some Italians say tassì instead of taxi.

14

non è, is not
il cappello, the hat

grande, big
il bottone, the button

Il cappello non è grande.   Il disco non è grande.

Il bottone non è grande.   Il libro non è grande.

sono, I am
è, you are, he, she, it is
siamo, we are
sono, they are

È grande il cappello?   *Is the hat big?*

15

non è, is not
il bambino, the baby

grande, big
il canarino, the canary

Il bambino non è grande.

Il canarino non è grande.

Il gatto non è grande.

Il telefono non è grande.

Most words which end in O are masculine and take the article il (the):

il bambino	il canarino
il gatto	il telefono

È grande il bambino?   *Is the baby big?*

è, is   grande, big
non è, is not   la, the

La casa è grande.

La montagna è grande.

La pera non è grande.

La rosa non è grande.

Most words which end in A are feminine and take the article la (the): la casa, la pera, la montagna, la rosa.

GN is pronounced NY. Montagna is pronounced "montanya."

È grande la casa?   *Is the house big?*

piccolo, little, small (masculine)

"Piccolo" is a masculine word. Notice that it ends in O. It goes with other words that end in O.

il topo, the mouse   **il fungo,** the mushroom

Il bambino è piccolo.   Il topo è piccolo.

Il canarino è piccolo.   Il fungo è piccolo.

Words which end in O take the article il (the) and un (a, an).

il canarino, the canary
un canarino, a canary

È piccolo il bambino?   *Is the baby small?*

piccola, little, small (feminine)

"Piccola" is a feminine word. Notice that it ends in A.
It goes with other words which end in A.

La rosa è piccola.

La tazza è piccola.

La violetta è piccola.

La sardina è piccola.

Words which end in A take the article **la** (the) and
una (a, an).

la rosa, the rose
una rosa, a rose

È piccola la rosa?   *Is the rose small?*

19

EXERCISE

Choose the correct word:

1. Il treno ![treno] è (grande, piccolo).

2. Il bottone ![bottone] è (grande, piccolo).

3. Il piano ![piano] è (grande, piccolo).

4. Il bambino ![bambino] è (grande, piccolo).

5. La rosa ![rosa] è (piccolo, piccola).

6. La sardina ![sardina] è (piccolo, piccola).

7. Il canarino ![canarino] è (piccolo, piccola).

8. La tazza ![tazza] è (piccolo, piccola).

The correct answers are on the next page.

grande, big   **piccolo,** little

Answers to the questions on the previous page.

1. Il treno è grande.

2. Il bottone è piccolo.

3. Il piano è grande.

4. Il bambino è piccolo.

5. La rosa è piccola.

6. La sardina è piccola.

7. Il canarino è piccolo.

8. La tazza è piccola.

dove è? where is? where is it?

è, is	**in,** in, in the
in centro, downtown	**in forno,** in the oven
in piazza, in the square	**l'arrosto,** the roast

L' is "the" before words which begin with the letter **H** or a vowel (a, e, i, o, u).

Dove è l'automobile?
L'automobile è in garage.

Dove è l'autobus?
L'autobus è in piazza.

Dove è l'hotel?
L'hotel è in centro.

Dove è l'arrosto?
L'arrosto è in forno.

l'animale, the animal   **l'arancio,** the orange

dove è, where is?

all'ospedale,
  at the hospital

all'università,
  at the university

all'aeroporto,
  at the airport

il dottore,
  the doctor

il professore,
  the professor

il turista,
  the tourist

All' is "at the" before words which begin with the
letter H or a vowel (a, e, i, o, u).

Dove è l'aeroplano?
L'aeroplano è
  all'aeroporto.

Dove è il turista?
Il turista è all'hotel.

Dove è il dottore?
Il dottore è
  all'ospedale.

Dove è il professore?
Il professore è
  all'università.

è, is

la pera, the pear
deliziosa, delicious

la pesca, the peach
la mela, the apple

È deliziosa la pera?
Sì, la pera è deliziosa.

È deliziosa la pesca?
Sì, la pesca è deliziosa.

È deliziosa la banana?
Sì, la banana è deliziosa.

È deliziosa la mela?
Sì, la mela è deliziosa.

È deliziosa la frutta?   *Is the fruit delicious?*
Sì, la frutta è deliziosa.

un animale, an animal
il leone, the lion

la tigre, the tiger
il mulo, the mule

che cosa è? what is? (what thing is?) Pronunciation:
Ke coza eh.

Che cosa è il cavallo?
Il cavallo è un animale.

Che cosa è la vacca?
La vacca è un animale.

Che cosa è il cane?
Il cane è un animale.

Che cosa è il gatto?
Il gatto è un animale.

Il mulo è un animale.
La tigre è un animale.
Il leone è un animale.

che cosa è? what is? (what thing is?)

un fiore, a flower
il geranio, the geranium

la margherita, the daisy
il tulipano, the tulip

Che cosa è la rosa?
La rosa è un fiore.

Che cosa è il tulipano?
Il tulipano è un fiore.

Che cosa è il geranio?
Il geranio è un fiore.

Che cosa è la
margherita?
La margherita è un fiore.

un bel fiore, a lovely flower

La rosa è un bel fiore.
Il tulipano è un bel fiore.

che cosa è? what is? (what thing is?)

una verdura, a vegetable
il pomodoro, the tomato
il carciofo, the artichoke

il sedano, the celery
la lattuga, the lettuce
il cavolo, the cabbage

Che cosa è il sedano?
Il sedano è una verdura.

Che cosa è il carciofo?
Il carciofo è una verdura.

Che cosa è il cavolo?
Il cavolo è una verdura.

Che cosa è la lattuga?
La lattuga è una verdura.

rosso, red

È rosso il pomodoro?   *Is the tomato red?*
Sì, il pomodoro è rosso.

27

EXERCISE

Answer the following questions:

1. Che cosa è il gatto?

2. Che cosa è la rosa?

3. E deliziosa la banana?

4. Che cosa è il cavolo?

5. Che cosa è il cane?

6. Che cosa è il sedano?

7. Dove è il turista?

8. Dove è l'aeroplano?

The correct answers are on the next page.

è, is   un, una, a

Answers to the questions on the previous page.

   1. Il gatto è un animale.

   2. La rosa è un fiore.

   3. Sì, la banana è deliziosa.

   4. Il cavolo è una verdura.

   5. Il cane è un animale.

   6. Il sedano è una verdura.

   7. Il turista è all'hotel.

   8. L'aeroplano è all'aeroporto.

WHAT TO SAY TO THE WAITER
OR TO THE DOORMAN:

per favore, please
il conto, the check
un bicchiere d'acqua,
   a glass of water

una bistecca, a beefsteak
zucchero, sugar
cameriere, waiter

Roastbeef, per favore.

Il conto, per favore.

Un bicchiere d'acqua,
per favore.

Zucchero, per favore.

Una bistecca, per favore. Un taxi, per favore.
When you wish to call the waiter say: **Cameriere.**

EVERYDAY EXPRESSIONS

Buongiorno. Good morning. Good afternoon.
Buona sera. Good evening. Good night.
Arrivederci. Good bye. See you again.
Come sta? How are you?
Bene, grazie, e lei? Well, thank you, and you?

Grazie. Thank you.
Prego. You are welcome.
Scusi. Excuse me. I beg your pardon.
Piacere. Pleased to meet you.
Con piacere. With pleasure.
Per piacere. Please.
Per favore. Please.

ha? have you?
ho, I have

un, una, a
sì, yes

Ha un piano?
Sì, ho un piano.

Ha una bicicletta?
Sì, ho una bicicletta.

Ha un fonografo?
Sì, ho un fonografo.

Ha una chitarra?
Sì, ho una chitarra.

ha: you have   have you?
he has   has he?
she has   has she?
it has   has it?

HO is pronounced O. HA is pronounced AH.

ha, have you?   **un, a**
ho, I have

Ha un cane?
Sì, ho un cane.

Ha un gatto?
Sì, ho un gatto.

Ha un libro?
Sì, ho un libro.

Ha un ombrello?
Sì, ho un ombrello.

ho, I have   Ho un libro.
ha, he, she, it has   Alberto ha un ombrello.
abbiamo, we have   Abbiamo un cane.
hanno, they have   Hanno un gatto.

Remember that the letter H is silent. HO is pronounced O. HA is pronounced AH.

ha? have you?
ho, I have
pane, bread

burro, butter
• **zucchero,** sugar
latte, milk

Ha burro?
Sì, ho burro.

Ha zucchero?
Sì, ho zucchero.

Ha pane?
Sì, ho pane.

Ha latte?
Sì, ho latte.

Ha roastbeef?
Sì, ho roastbeef.

HO is pronounced O. HA is pronounced AH.

non ho, I haven't

che orrore! how horrible!
ha? have you?
ho, I have

per fortuna, fortunately

un topo, a mouse
in casa, at home

Ha un leone in casa?
Che orrore! Non ho
un leone in casa.

Ha un topo in casa?
No, per fortuna non
ho un topo in casa.

Ha un serpente in casa?
No, per fortuna non ho
un serpente in casa.

HO is pronounced O. HA is pronounced AH.

EXERCISE

Answer the following questions:

1. Ha un piano?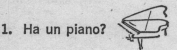

2. Ha un fonografo?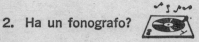

3. Ha una bicicletta?

4. Ha una chitarra?

5. Ha latte?

6. Ha un leone  in casa?

7. Ha pane?

8. Ha un topo in casa?

The answers to these questions are on the next page.

ha? have you?   **ho,** I have

Answers to the questions on the previous page:

1. Sì, ho un piano.

2. Sì, ho un fonografo.

3. Sì, ho una bicicletta.

4. Sì, ho una chitarra.

5. Sì, ho latte.

6. No, non ho un leone in casa.

7. Sì, ho pane.

8. No, non ho un topo in casa.

Ho tempo. I have time.

Non ho tempo. I haven't time.

Ho visite. I have company.

Ho un raffreddore. I have a cold.

Ho fame. I'm hungry (I have hunger).

Ho sete. I'm thirsty (I have thirst).

Ho freddo. I'm cold.

Ho caldo. I'm hot.

Ho mal di testa. I have a headache.

Ha ragione. You are right (You have reason).

Ha torto. You are wrong.

Che cosa ha? What's wrong with you? (What thing have you?)

Quanti anni ha? How old are you? (How many years have you?)

Alberto ha due anni. Albert is two years old.

ho, I have
ha: you have, have you?
    he has, has he?
    she has, has she?
    it has, has it?

abbiamo, we have
hanno, they have

hanno? have they?
hanno, they have

un giardino, a garden
una terrazza, a terrace

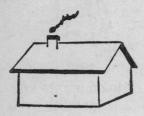

Hanno una casa?
Sì, hanno una casa.

Hanno una terrazza?
Sì, hanno una terrazza.

Hanno un giardino?
Sì, hanno un giardino.

Hanno una televisione?
Sì, hanno una televisione.

Hanno un garage.
Hanno un appartamento. (An apartment).

ho comprato, I bought (I have bought)   **un, a**

Ho comprato un
vestito.

Ho comprato un
mantello.

Ho comprato un
cappello.

Ho comprato un
orologio.

ho comprato, I bought

ha comprato, he, she
bought

abbiamo comprato, we
bought

hanno comprato, they
bought

Ho comprato un mantello.

Mamma ha comprato un
vestito.

Abbiamo comprato un
cappello.

Hanno comprato un
orologio.

Ha comprato un vestito?   *Did you buy a dress?*

Note: Vestito means "dress" or "man's suit".

ha comprato? did you buy? (have you bought?)
ho comprato, I bought.(I have bought)
il pane, the bread   **il burro,** the butter

Ha comprato il burro?   Ha comprato il sapone?
Sì, ho comprato il   Sì, ho comprato il
    burro.   sapone.

Ha comprato il latte?   Ha comprato il pane?
Sì, ho comprato il latte. Sì, ho comprato il pane.

Ho comprato il caffè.
Ho comprato una pizza.

ha comprato? did you buy? (have you bought?)
ho comprato, I bought (I have bought)
una, a

Ha comprato **una**
camicia?
Sì, ho comprato **una**
camicia.

Ha comprato **una**
cravatta?
Sì, ho comprato **una**
cravatta.

Ha comprato **una**
gonna?
Sì, ho comprato **una**
gonna.

Ha comprato **una**
blusa?
Sì, ho comprato **una**
blusa.

ho comprato, I bought, I have bought

alla stazione, at the station

Ho comprato il biglietto alla stazione.

Ho comprato la rivista alla stazione.

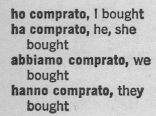

Ho comprato un giornale alla stazione.

Ho comprato un libro alla stazione.

ho comprato, I bought
ha comprato, he, she bought
abbiamo comprato, we bought
hanno comprato, they bought

Ho comprato il biglietto.
Papà ha comprato un'auto.
Abbiamo comprato un libro.
Hanno comprato un giornale.

Ha comprato il biglietto alla stazione?
Did you buy the ticket at the station?

ha preparato? did you prepare? (have you prepared?)
ho preparato, I prepared, (I have prepared)
la minestra, the soup   **l'insalata,** the salad

Ha preparato il caffè?
Sì, ho preparato il
   caffè.

Ha preparato la frutta?
Sì, ho preparato la
   frutta.

Ha preparato la
   minestra?
Sì, ho preparato la
   minestra.

Ha preparato
   l'insalata?
Sì, ho preparato
   l'insalata.

ho preparato, I prepared
il pollo, the chicken

per cena, for dinner
il tacchino, the turkey

Ho preparato il pollo per cena.

Ho preparato il roast-beef per cena.

Ho preparato il tacchino per cena.

Ho preparato il tè per cena.

ho preparato, I prepared

Ho preparato il consommè.

ha preparato, he, she prepared

Mamma ha preparato il caffè.

abbiamo preparato, we prepared

Abbiamo preparato il pollo.

hanno preparato, they prepared

Hanno preparato la cena.

Ha preparato il pollo per cena?
Did you prepare the chicken for dinner?

EXERCISE

Answer the following questions:

1. Ha comprato il latte?

2. Ha comprato una camicia?

3. Ha comprato una cravatta?

4. Ha comprato una gonna?

5. Ha comprato una blusa?

6. Ha preparato la minestra?

7. Ha preparato il tacchino?

8. Ha preparato il caffè?

The answers to these questions are on the next page.

ha comprato? did you buy?
ho comprato, I bought

Answers to the questions on the previous page.

1. Sì, ho comprato il latte.

2. Sì, ho comprato una camicia.

3. Sì, ho comprato una cravatta.

4. Sì, ho comprato una gonna.

5. Sì, ho comprato una blusa.

6. Sì, ho preparato la minestra.

7. Sì, ho preparato il tacchino.

8. Sì, ho preparato il caffè.

voglio, I want
voglio nuotare, I want to swim
voglio ballare, I want to dance

mangiare, to eat
cantare, to sing

domani, tomorrow

Voglio mangiare.

Voglio nuotare.

Voglio cantare.

Voglio ballare.

voglio, I want
vuole, he, she wants
vogliamo, we want

vogliono, they want

Voglio nuotare domani.
Papà vuole cantare.
Vogliamo nuotare domani.
Vogliono mangiare.

Vuole mangiare? *Do you want to eat?*

Voglio is pronounced "volyo."

comprare, to buy **un, una,** a
voglio comprare, I want to buy

Voglio comprare una
valigia.

Voglio comprare una
pipa.

Voglio comprare un
cappello.

Voglio comprare un
ombrello.

vuole:	do you want?	you want
	does he want?	he wants
	does she want?	she wants
	does it want?	it wants

Voglio is pronounced "volyo."

vuole comprare? do you want to buy?

voglio comprare, I want to buy

fiori, flowers

sì, yes

un, una, a

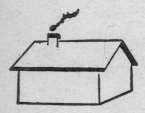

Vuole comprare una casa?
Sì, voglio comprare una casa.

Vuole comprare fiori?
Sì, voglio comprare fiori.

Vuole comprare una televisione?
Sì, voglio comprare una televisione.

Vuole comprare un'automobile?
Sì, voglio comprare un'automobile.

Voglio is pronounced "volyo."

Voglio means "I want."
Voglio bene means "I love."

Ti voglio bene. I love you. (Thee I love).
Ti voglio molto bene. I love you very much.
Gli voglio bene. I love him. I love them.
Le voglio bene. I love her.

When you name a person, you must put the letter **A** after **voglio bene.**

Voglio bene a Roberto. I love Robert.
Voglio bene a Maria. I love Mary.
Voglio bene a mia madre. I love my mother.
Voglio bene a mio padre. I love my father.

Che cosa vuol dire? What does it mean?
  (What does it want to say?)

EXERCISE

Answer the following questions:

1. Vuole comprare una pipa?

2. Vuole comprare un ombrello?

3. Vuole comprare una valigia?

4. Vuole comprare un cappello?

5. Vuole nuotare?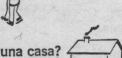

6. Vuole ballare?

7. Vuole comprare una casa?

8. Vuole comprare un' automobile?

9. Translate: I love you.

The answers to these questions are on the next page.

voglio comprare, I want to buy

Answers to the questions on the previous page.

1. Sì, voglio comprare una pipa.

2. Sì, voglio comprare un ombrello.

3. Sì, voglio comprare una valigia.

4. Sì, voglio comprare un cappello.

5. Sì, voglio nuotare.

6. Sì, voglio ballare.

7. Sì, voglio comprare una casa.

8. Sì, voglio comprare un'automobile.

9. Ti voglio bene.

How to form the plural of words that end in O or E:
Remove the letter O or E and add the letter I.

il, the (singular) **i,** the (plural)
il treno, the train **i treni,** the trains

il treno

i treni

il cavallo

i cavalli

il libro

i libri

il monte

i monti

sono, are (plural)

il bambino, the baby,
the boy
piccolo, small (singular)
I bambini sono piccoli.

i bambini, the babies,
the boys
piccoli, small (plural)
The babies are small.

Il bambino è piccolo.

I bambini sono piccoli.

Il canarino è piccolo.

I canarini sono piccoli.

Il gatto è piccolo.

I gatti sono piccoli.

Il bottone è piccolo.

I bottoni sono piccoli.

è, is   sono, are (plural)
piccolo, small (singular)   piccoli, small (plural)
il topo, the mouse   i topi, the mice
il fiammifero, the match   i fiammiferi, the matches
non sono, are not

È piccolo il libro?
Sì, il libro è piccolo.

Sono piccoli i libri?
Sì, i libri sono piccoli.

È piccolo il
    fiammifero?
Sì, il fiammifero è
    piccolo.

Sono piccoli i
    fiammiferi?
Sì, i fiammiferi sono
    piccoli.

È piccolo il topo?
Sì, il topo è piccolo.

Sono piccoli i topi?
Sì, i topi sono piccoli.

è, is
grande, big (singular)
il piroscafo, the ship
il divano, the sofa

sono, are (plural)
grandi, big (plural)
i piroscafi, the ships
i divani, the sofas

È grande il piroscafo?
Sì, il piroscafo è
grande.

Sono grandi i
piroscafi?
Sì, i piroscafi sono
grandi.

È grande il divano?
Sì, il divano è grande.

Sono grandi i divani?
Sì, i divani sono grandi.

È grande il treno?
Sì, il treno è grande.

Sono grandi i treni?
Sì, i treni sono grandi.

How to form the plural of words that end in A: Remove the A and add the letter E.

la, the (singular)
la rosa, the rose

le, the (plural)
le rose, the roses

la rosa

le rose

la tavola

le tavole

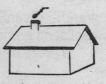

la casa

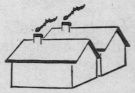

le case

la pera

le pere

sono, are (plural)

la bambina, the baby, the girl
piccola, small (singular)

le bambine, the babies, the girls
piccole, small (plural)

La bambina è piccola.

Le bambine sono piccole.

La matita è piccola.

Le matite sono piccole.

La penna è piccola.

Le penne sono piccole.

La sigaretta è piccola.

Le sigarette sono piccole.

è, is   **sono,** are (plural)
piccola, small (singular)   **piccole,** small (plural)
la cartolina, the postcard   **le cartoline,** the postcards
la violetta, the violet   **le violette,** the violets

È piccola la violetta?
Sì, la violetta è piccola.

Sono piccole le
violette?
Sì, le violette **sono**
piccole.

È piccola la pipa?
Sì, la pipa è piccola.

Sono piccole le pipe?
Sì, le pipe sono
piccole.

È piccola la cartolina?
Sì, la cartolina è
piccola.

Sono piccole le
cartoline?
Sì, le cartoline sono
piccole.

è, is   **sono,** are (plural)
deliziosa, delicious (sing.)   **la patata,** the potato
deliziose, delicious (pl.)   **le patate,** the potatoes

È deliziosa la banana?
Sì, la banana è
deliziosa.

Sono deliziose le
banane?
Sì, le banane sono
deliziose.

È deliziosa la carota?
Sì, la carota è
deliziosa.

Sono deliziose le
carote?
Sì, le carote sono
deliziose.

È deliziosa la patata?
Sì, la patata è
deliziosa.

Sono deliziose le
patate?
Sì, le patate sono
deliziose.

i bambini, the babies (boys)

sono, are (plural)

i, the (plural)

bello, beautiful (singular)

buono, good (singular)

belli, beautiful (plural)

buoni, good (plural)

cattivo, naughty, bad (singular)

delizioso, delightful, delicious (singular)

cattivi, naughty, bad (plural)

deliziosi, delightful, delicious (plural)

I bambini sono belli. The babies are pretty.

Sono deliziosi i bambini?

Sì, i bambini sono deliziosi.

Sono belli i bambini?

Sì, i bambini sono belli.

Sono cattivi i bambini?

Sì, i bambini sono cattivi.

Sono buoni i bambini?

Sì, i bambini sono buoni.

I bambini sono bellissimi. *The babies (boys) are beautiful.*

le bambine, the babies (girls)

sono, are	**le,** the (plural)
bella, beautiful (singular)	**buona,** good (singular)
belle, beautiful (plural)	**buone,** good (plural)
cattiva, naughty, bad (singular)	**deliziosa,** delightful, delicious (singular)
cattive, naughty, bad (plural)	**deliziose,** delightful, delicious (plural)

Le bambine sono belle. The babies are pretty.

Sono deliziose le bambine?
Sì, le bambine sono deliziose.

Sono belle le bambine?
Sì, le bambine sono belle.

Sono cattive le bambine?
Sì, le bambine sono cattive.

Sono buone le bambine?
Sì, le bambine sono buone.

Le bambine sono bellissime.
The babies (girls) are most beautiful.

è, is   **in ufficio,** at the office
sono, they are   **in,** in, at

Alberto è in chiesa.   Mamma è in casa.
Sono in chiesa.   Sono in casa.

Papà è in ufficio.   L'automobile è in
Sono in ufficio.   garage.
                             Sono in garage.

sono, I am   Sono in casa.
è, you are   Daniele è in ufficio.
     he, she,   Maria è in chiesa.
     it is
siamo, we are   Siamo in hotel.
sono, they are   Sono in garage.
        Dove è Alberto? *Where is Albert?*
        Dove è l'automobile? *Where is the car?*

è cara, is expensive   **non è cara,** is not expensive
questa, this (feminine)

Questa borsa è cara.   Questa cintura è cara.

Questa vestaglia non è   Questa sottoveste non
cara.   è cara.

Queste borse sono care. *These purses are expensive.*
Queste cinture sono care. *These belts are expensive.*

È cara questa borsa? *Is this purse expensive?*
È cara questa cintura? *Is this belt expensive?*
È cara questa vestaglia? *Is this robe expensive?*
Sono care queste cinture? *Are these belts expensive?*

EXERCISE

Answer the following questions:

1. Sono piccoli i libri?

2. Sono piccoli i fiammiferi?

3. Sono grandi i divani?

4. Sono grandi i piroscafi?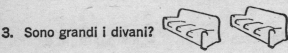

5. Sono piccole le pipe?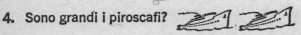

6. Sono deliziose le banane?

7. Sono deliziose le patate?

8. Sono belli i bambini?

The answers to these questions are on the next page.

sono, are   **belli,** beautiful (plural)

Answers to the questions on the previous page.

1. Sì, i libri sono piccoli.

2. Sì, i fiammiferi sono piccoli.

3. Sì, i divani sono grandi.

4. Sì, i piroscafi sono grandi.

5. Sì, le pipe sono piccole.

6. Sì, le banane sono deliziose.

7. Sì, le patate sono deliziose.

8. Sì, i bambini sono belli.

mi piace, I like
la minestra, the soup

il formaggio, the cheese
l'insalata, the salad

Mi piace la minestra.

Mi piace l'insalata.

Mi piace il formaggio.

Mi piace la frutta.

Non mi piace. *I don't like, I don't like it.*

Notice that in Italian you don't say, "I like soup." You must say "I like THE soup," "I like THE cheese," etc.

Le piace il formaggio? *Do you like cheese?*
Le piace l'insalata? *Do you like the salad?*
Le piace la frutta? *Do you like the fruit?*

mi piace, I like
cantare, to sing

camminare, to walk
ballare, to dance

Mi piace cantare.

Mi piace nuotare.

Mi piace ballare.

Mi piace camminare.

mi piace, I like
le piace? do you like?
ci piace, we like
gli piace, he, they like

Mi piace camminare.
Le piace nuotare?
Ci piace cantare.
Gli piace ballare.

Non mi piace camminare, I don't like to walk

A Roberto piace nuotare. *Robert likes to swim.*
Piace nuotare a Roberto? *Does Robert like to swim?*

If you put the words "A Roberto" before the expression, it makes a statement, "Robert likes to swim." If you put "A Roberto" after the expression, it makes a question, "Does Robert like to swim?"

mi piace, I like
le piace? do you like?
la campagna, the country

il pollo, (the) chicken
il pesce, (the) fish
la musica, (the) music

Le piace il pollo?
Sì, mi piace il pollo.

Le piace il pesce?
Sì, mi piace il pesce.

Le piace la campagna?
Sì, mi piace la campagna.

Le piace la musica?
Sì, mi piace la musica.

Le piace l'Italia?
Sì, mi piace molto l'Italia.

Le piace Roma?
Sì, mi piace moltissimo Roma.

Le piace il riso? (rice)
Sì, mi piace il riso.
Non mi piace il riso. *I don't like rice.*

molto, very much

moltissimo, very, very much

70

mi piace, I like
le piace? do you like?
studiare, to study

leggere, to read
scrivere, to write
suonare la chitarra,
　　　to play the guitar

Le piace leggere?
Sì, mi piace leggere.

Le piace scrivere?
Sì, mi piace scrivere.

Le piace studiare?
Sì, mi piace studiare.

Le piace suonare la
chitarra?
Sì, mi piace suonare la
chitarra.

Piace il programma a Roberto?
Does Robert like the program?

Sì, a Roberto piace il programma.
Yes, Robert likes the program.

Don't forget to place the letter A before the word
"Roberto" in the sentences above.

mi piacciono, I like (when what you like is plural)
le piacciono? do you like? (when what you like is plural)

i piselli, peas   **gli spinaci,** spinach
i fagioli, beans   **le carote,** carrots
i fagiolini, string beans

Le piacciono i piselli?   Le piacciono le carote?
Sì, mi piacciono i   Sì, mi piacciono le
  piselli.   carote.

Le piacciono i fagioli?
Sì, mi piacciono i fagioli.

Le piacciono i fagiolini?
Sì, mi piacciono i fagiolini.

Le piacciono gli spinaci?
Sì, mi piacciono gli spinaci.

Use **"piace"** when what you like is singular.
Use **"piacciono"** when what you like is plural.

Mi piace la rosa. *I like the rose.*
Mi piacciono le rose. *I like the roses.*

mi piacciono, I like (when what you like is plural)
le piacciono? do you like? (when what you like is
plural)

le ciliegie, cherries   **le cipolle,** onions
le fragole, strawberries   **i pomodori,** tomatoes.

Le piacciono i pomo-
dori?
Sì, mi piacciono i
pomodori.

Le piacciono le
cipolle?
Sì, mi piacciono le
cipolle.

Le piacciono le
fragole?
Sì, mi piacciono le
fragole.

Le piacciono le
ciliegie?
Sì, mi piacciono le
ciliegie.

Non mi piacciono i pomodori. *I don't like tomatoes.*
Non mi piacciono le cipolle. *I don't like onions.*
Non mi piacciono le ciliegie. *I don't like cherries.*

andare, to go

mi piacerebbe, I would like

le piacerebbe? would you like?

mi piacerebbe andare, I would like to go

le piacerebbe andare? would you like to go?

al parco, to the park

al teatro, to the theater

al cinema, to the movies

Le piacerebbe andare al cinema?
Sì, mi piacerebbe andare al cinema.

Le piacerebbe andare al parco?
Sì, mi piacerebbe andare al parco.

Le piacerebbe andare al teatro?
Sì, mi piacerebbe andare al teatro.

Le piacerebbe andare all'hotel?
Sì, mi piacerebbe andare all'hotel.

Mi piacerebbe andare in Italia.
Mi piacerebbe andare in Germania.
Mi piacerebbe andare a Roma.
Mi piacerebbe andare a New York.

mi piacerebbe, I would like

le piacerebbe? would you like?

ballare, to dance
parlare, to talk
lavorare, to work

nuotare, to swim

camminare, to walk

studiare, to study
cantare, to sing
oggi, today

Le piacerebbe
nuotare?
Sì, mi piacerebbe
nuotare oggi.

Le piacerebbe ballare?
Sì, mi piacerebbe
ballare.

Le piacerebbe camminare oggi?
Sì, mi piacerebbe camminare oggi.

Le piacerebbe lavorare oggi?
Sì, mi piacerebbe lavorare oggi.

Le piacerebbe cantare?
Sì, mi piacerebbe cantare.

Le piacerebbe parlare italiano?
Sì, mi piacerebbe parlare italiano.

Le piacerebbe studiare oggi?
Sì, mi piacerebbe studiare oggi.

EXERCISE

Answer the following questions:

1. Le piace il pollo?

2. Le piace il pesce?

3. Le piace la minestra?

4. Le piace il formaggio?

5. Le piacciono le carote?

6. Le piacciono i piselli?

7. Le piacciono le cipolle?

8. Le piacerebbe nuotare?

The answers to these questions are on the following page.

mi piace, I like (singular things)
mi piacciono, I like (plural things)
mi piacerebbe, I would like

Answers to the questions on the previous page.

1. Sì, mi piace il pollo.

2. Sì, mi piace il pesce.

3. Sì, mi piace la minestra.

4. Sì, mi piace il formaggio.

5. Sì, mi piacciono le carote.

6. Sì, mi piacciono i piselli.

7. Sì, mi piacciono le cipolle.

8. Sì, mi piacerebbe nuotare.

In Italian you don't say "I went." You say instead "I am gone," (sono andato). If you are a man, you use this in the masculine form and say **"sono andato"**. If you are a woman, you use the feminine form and say **"sono andata"**.

sono andato, I went (when a man says it)
sono andata, I went (when a woman says it)
al cinema, to the movies   **al teatro,** to the theater
al parco, to the park   **a casa,** (to) home

Sono andato al cinema.   Sono andato al parco.
Sono andata al cinema.   Sono andata al parco.

Sono andato a casa.   Sono andato al teatro.
Sono andata a casa.   Sono andata al teatro.

È andato in Italia? *Did you go to Italy? (man)*
È andata in Italia? *Did you go to Italy? (woman)*
È andato al cinema? *Did you go to the movies? (man)*
È andata al parco? *Did you go to the park? (woman)*
È andata a casa? *Did you go home? (woman)*
È andato al teatro? *Did you go to the theater? (man)*

sono andato, I went (when a man says it)
sono andata, I went (when a woman says it)
al mare, to the seashore   **al ballo,** to the dance
al museo, to the museum   **al concerto,** to the concert

Sono andato al mare.   Sono andato al ballo.
Sono andata al mare.   Sono andata al ballo.

Sono andato al museo. Sono andato al concerto.
Sono andata al museo. Sono andata al concerto.

Sono andato a Roma.
Sono andata a Roma.

È andato al mare? *Did you go to the seashore? (man)*
È andata al mare? *Did you go to the seashore? (woman)*
È andato al ballo? *Did you go to the dance? (man)*
È andata al museo? *Did you go to the museum? (woman)*

sono andato, I went (when a man says it)
sono andata, I went (when a woman says it)

all'hotel, to the hotel   **all'università,** to the university

all'aeroporto, to the airport   **all'ospedale,** to the hospital

Sono andato all'hotel.   Sono andato all'aeroporto.
Sono andata all'hotel.   Sono andata all'aeroporto.

Sono andato all'università.
Sono andata all'università.
Sono andato all'ospedale.
Sono andata all'ospedale.

è andato: you went—did you go? (man)
              he went—did he go?
è andata: you went—did you go? (woman)
              she went—did she go?

È andato all'universita? *Did you go to the university? (man)*
È andata all'ospedale? *Did you go to the hospital? (woman)*
È andata all'aeroporto? *Did you go to the airport? (woman)*
È andato all'hotel? *Did you go to the hotel? (man)*

sono andato, I went (when a man says it)
sono andata, I went (when a woman says it)

In Italian you don't say "I went TO church", you say "I am gone IN church" **(in chiesa).**

in chiesa, to (in) church **in ufficio,** to (in) the office
in banca, to (in) the bank **in Italia,** to (in) Italy

Sono andato in ufficio.
Sono andata in ufficio.

Sono andato in chiesa.
Sono andata in chiesa.

Sono andato in banca.
Sono andata in banca.

Sono andato in Italia.
Sono andata in Italia.

Use IN when you say you went to countries.
   Sono andato in Australia.
   Sono andata in Germania.
Use A when you say you went to cities.
   Sono andato a Roma.
   Sono andata a New York.

In Italian you don't say "did you go?" You say instead, "Are you gone?" (è andato).

è andato? did you go? (when addressing a man)
è andata? did you go? (when addressing a woman)
sono andato, I went (when a man says it)
sono andata, I went (when a woman says it)

alla festa, to the party	**in chiesa,** to (in) church
alla stazione, to the station	**al mercato,** to the market

È andato alla festa?
Sì, sono andato alla festa.
È andata alla festa?
Sì, sono andata alla festa.

È andato in chiesa?
Sì, sono andato in chiesa.
È andata in chiesa?
Sì, sono andata in chiesa.

È andata in Italia?
Sì, sono andata in Italia.

È andato in Italia?
Sì, sono andato in Italia.

È andato a Roma?
Sì, sono andato a Roma.

È andato alla stazione?
Sì, sono andato alla stazione.

È andata al mercato?
Sì, sono andata al mercato.

è andato? did you go? (when addressing a man)
è andata? did you go? (when addressing a woman)
sono andato, I went (when a man says it)
sono andata, I went (when a woman says it)

in farmacia, to (in) the drugstore	**in libreria,** to (in) the book store
in piazza, to (in) the square	**in biblioteca,** to (in) the library

È andato in biblioteca?
Sì, sono andato in biblioteca.
È andata in biblioteca?
Sì, sono andata in biblioteca.

È andato in chiesa?
Sì, sono andato in chiesa.
È andata in chiesa?
Sì, sono andata in chiesa.

È andato in libreria?
Sì, sono andato in libreria.

È andata in libreria?
Sì, sono andata in libreria.

È andato in farmacia?
Sì, sono andato in farmacia.

È andata in farmacia?
Sì, sono andata in farmacia.

È andato in piazza?
Sì, sono andato in piazza.

È andata in piazza?
Sì, sono andata in piazza.

è andato? did you go? (when you ask a man)
è andata? did you go? (when you ask a woman)

EXERCISE

Answer the following questions:

1. È andato in Italia? (man)
   È andata in Italia? (woman)

2. È andato al cinema? (man)
   È andata al cinema? (woman)

3. È andato in chiesa? (man)
   È andata in chiesa? (woman)

4. È andato al teatro? (man)
   È andata al teatro? (woman)

5. È andato in banca? (man)
   È andata in banca? (woman)

6. È andato a Roma? (man)
   È andata a Roma? (woman)

7. È andato all'hotel? (man)
   È andata all'hotel? (woman)

The answers to these questions are on the next page.

sono andato, I went (when a man says it)
sono andata, I went (when a woman says it)

Answers to the questions on the previous page.

1. Sono andato in Italia.
   Sono andata in Italia.

2. Sono andato al cinema.
   Sono andata al cinema.

3. Sono andato in chiesa.
   Sono andata in chiesa.

4. Sono andato al teatro.
   Sono andata al teatro.

5. Sono andato in banca.
   Sono andata in banca.

6. Sono andato a Roma.
   Sono andata a Roma.

7. Sono andato all'hotel.
   Sono andata all'hotel.

al ristorante, to the restaurant

al teatro, to the theater

è andato, he went, did he go?

al parco, to the park

È andato al cinema Roberto? Did Robert go to the movies? (Is gone to•the movies Robert?)

Notice that when you ask a question, the name goes last.

È andato al cinema Roberto?
Sì, Roberto è andato al cinema.

È andato al parco Alberto?
Sì, Alberto è andato al parco.

È andato al teatro Roberto?
Sì, Roberto è andato al teatro.

È andato al ristorante Alberto?
Sì, Alberto è andato al ristorante.

È andata al cinema mamma? Sì, mamma è andata al cinema.

È andato al cinema papà? Sì, papà è andato al cinema.

È andata al teatro mamma? Sì, mamma è andata al teatro.

È andato al teatro papà? Sì, papà è andato al teatro.

in chiesa, to (in) church **in banca,** to (in) the bank
in ufficio, to (in) the office **in Italia,** to (in) Italy
è andata, she went, did **Maria,** Mary
  she go?

È andata in Italia Maria? Did Mary go to Italy? (Is gone
to Italy Mary?)

Notice that when you ask a question the name goes
last.

È andata in ufficio
  Maria?
Sì, Maria è andata in
  ufficio.

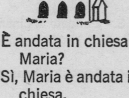

È andata in chiesa
  Maria?
Sì, Maria è andata in
  chiesa.

È andata in banca
  Maria?
Sì, Maria è andata in
  banca.

È andata in Italia
  Maria?
Sì, Maria è andata in
  Italia.

È andato in ufficio papà? Sì, papà è andato in ufficio.
È andata in ufficio mamma? No, mamma non è andata
  in ufficio.
È andato in banca papà? Sì, papà è andato in banca.
È andata in banca mamma? No, mamma non è andata
  in banca.

EXERCISE

Answer the following questions:

1. È andato in Italia Roberto?

2. È andato in banca Alberto?

3. È andato al cinema Roberto?

4. È andato al parco Alberto?

5. È andata in chiesa Maria?

6. È andata in banca Maria?

7. È andata in Italia Maria?

8. È andata al cinema Maria?

The answers to these questions are on the next page.

Roberto è andato,
Robert went

Maria è andata,
Mary went

Answers to the questions on the previous page.

1. Sì, Roberto è andato in Italia.

2. Sì, Alberto è andato in banca.

3. Sì, Roberto è andato al cinema.

4. Sì, Alberto è andato al parco.

5. Sì, Maria è andata in chiesa.

6. Sì, Maria è andata in banca.

7. Sì, Maria è andata in Italia.

8. Sì, Maria è andata al cinema.

EVERYDAY EXPRESSIONS

essere, to be

I am	**SONO**	**SIAMO**	we are
he, she is are you? is he? is she?	**È**	**SONO**	they are

Sono contento. I am happy. (when a man says it)
Sono contenta. I am happy. (when a woman says it)
È contento? Are you happy? (when you ask a man)
È contenta? Are you happy? (when you ask a woman)
Sono occupato. I am busy. (man)
Sono occupata. I am busy. (woman)
Sono pronto. I am ready. (man)
Sono pronta. I am ready. (woman)
È stanco. He is tired.
È stanca. She is tired.
È solo. He is alone.
È sola. She is alone.
È malato. He's sick.
È malata. She's sick.
È triste. He is sad. She is sad.
Siamo contenti. We are happy. (men or men and women)
Siamo contente. We are happy. (women)
Sono contenti. They are happy. (men or men and women)

USE ADJECTIVES WITH THE ABOVE VERBS.

EVERYDAY EXPRESSIONS

Stare, to be

I am	STO	STIAMO	we are
he, she is are you?	STA	STANNO	they are

Essere (to be) is used with adjectives. (See previous page.)

Stare (to be) is used with adverbs.

Sta bene. He is well. She is well. It's OK.

Sta male. He's ill. She's ill. (He, she doesn't feel well.)

Sta meglio. He is better. She is better.

Sta peggio. He is worse. She is worse.

Sta così così. He is so so. She is so so.

Come sta? How are you?

Come sta suo padre? How is your father?

Come sta sua madre? How is your mother?

Come sta Roberto? How is Robert?

Come stanno? How are they?

Stanno bene. They are well.

Stiamo bene. We are well.

USE ADVERBS WITH THE ABOVE VERBS

Stare, to be

I am	STO	STIAMO	we are
he, she is are you?	STA	STANNO	they are

These verbs are used to say wnere things or people are.

Dove sta? where is? where is it?

 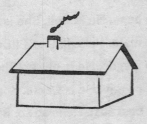

Dove sta Roberto?   Dove sta Maria?
Roberto sta in hotel.   Maria sta in casa.

Sta: you are, are you? he is, is he?
she is, is she? it is, is it?

Dove sta il suo ombrello? *Where is your umbrella?*
Il mio ombrello sta in casa. *My umbrella is at home.*
Dove sta la sua chitarra? *Where is your guitar?*
La mia chitarra sta in casa. *My guitar is at home.*

sta suonando? are you playing? (an instrument)
sto suonando, I am playing (an instrument)

Sta suonando il piano?
Sì, sto suonando
  il piano.

Sta suonando la
  chitarra?
Sì, sto suonando
  la chitarra.

Sta suonando
  l'organo?
Sì, sto suonando
  l'organo.

Sta suonando il
  violino?
Sì, sto suonando il
  violino.

Notice that the English ING is ANDO in Italian.
Learn: ING is ANDO

cantando, singing
ballando, dancing

comprando, buying
parlando, speaking

sta nuotando? are you swimming?

sto nuotando, I am swimming

sta mangiando? are you eating?

sta ballando? are you dancing?

sta studiando? are you studying?

Sta nuotando?
Sì, sto nuotando.

Sta ballando?
Sì, sto ballando.

Sta mangiando?
Sì, sto mangiando.

Sta studiando?
Sì, sto studiando.

Sto nuotando. *I am swimming.*
Sta nuotando. *You are swimming. He, she, it is swimming.*
Stiamo nuotando. *We are swimming.*
Stanno nuotando. *They are swimming.*

il, la, the
sta leggendo? are you reading?
sto leggendo, I am reading

il giornale, the newspaper
la rivista, the magazine

Sta leggendo il libro?
Sì, sto leggendo il libro.

Sta leggendo la rivista?
Sì, sto leggendo la rivista.

Sta leggendo il giornale?
Sì, sto leggendo il giornale.

Sta leggendo la lettera?
Sì, sto leggendo la lettera.

Notice that the English ending ING is ENDO.
Learn: ING is ENDO
leggendo, reading

ING is ANDO for ARE verbs.
ING is ENDO for ERE and IRE verbs.

EXERCISE

Answer the following questions:

1. Dove sta l'automobile?

2. Sta suonando il piano?

3. Sta suonando il violino?

4. Sta nuotando?

5. Sta studiando?

6. Sta ballando?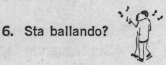

7. Sta leggendo il libro?

8. Sta leggendo la lettera?

The answers to these questions are on the next page.

Remember: **sto suonando,** I am playing
sto nuotando, I am swimming

Answers to the questions on the previous page.

1. L'automobile sta in garage.

2. Sì, sto suonando il piano.

3. Sì, sto suonando il violino.

4. Sì, sto nuotando.

5. Sì, sto studiando.

6. Sì, sto ballando.

7. Sì, sto leggendo il libro.

8. Sì, sto leggendo la lettera.

c'è, there is, is there?

carne, meat
latte, milk

prosciutto, ham
burro, butter

nel frigorifero, in the refrigerator

C'è carne nel
   frigorifero?
Sì, c'è carne
   nel frigorifero.

C'è latte nel
   frigorifero?
Sì, c'è latte nel
   frigorifero.

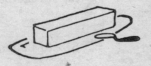

C'è prosciutto nel
   frigorifero?
Sì, c'è prosciutto nel
   frigorifero.

C'è burro nel
   frigorifero?
Sì, c'è burro nel
   frigorifero.

Non c'è carne. *There isn't any meat.*
Non c'è latte. *There isn't any milk.*
Non c'è prosciutto. *There isn't any ham.*
Non c'è burro. *There isn't any butter.*

c'è, there is, is there?

un posto, a seat, a place
nel, nell', in the on the
c'è posto? is there room? are there seats?

C'è posto nel treno?
Sì, c'è posto nel treno.

C'è posto nel teatro?
Sì, c'è posto nel teatro.

C'è posto nel cinema?
Sì, c'è posto nel
cinema.

C'è posto nell'aero-
plano?
Sì, c'è posto nell'aero-
plano.

C'è posto nell'autobus?
Use **nell'** before words that begin with a vowel.

C'è posto per me? *Is there room for me?*
C'è posto per lui? *Is there room for him?*
C'è posto per lei? *Is there room for her?*

per cena, for dinner

c'è? is there?
cioccolata, chocolate
minestra, soup

non c'è, there isn't
formaggio, cheese
gelato, ice cream

C'è minestra per cena?
No, non c'è minestra
per cena.

C'è gelato per cena?
No, non c'è gelato
per cena.

C'è formaggio per
cena?
No, non c'è formaggio
per cena.

C'è cioccolata?
No, non c'è cioccolata.

C'è gelato per me? *Is there any ice cream for me?*
C'è gelato per lei? *Is there any ice cream for her?*
C'è gelato per lui? *Is there any ice cream for him?*
C'è gelato per noi? *Is there any ice cream for us?*
C'è gelato per loro? *Is there any ice cream for them?*

c'è, there is, is there?

nella stazione di servizio, in the gasoline (service) station

nell'albergo, in the hotel

una piscina, a swimming pool

un parrucchiere, a hairdresser

benzina, gasoline

un barbiere, a barber

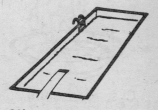

C'è benzina nella stazione di servizio?
Sì, c'è benzina nella stazione di servizio.

C'è una piscina nell'albergo?
Sì, c'è una piscina nell'albergo.

C'è un parrucchiere nell'albergo?
Sì, c'è un parrucchiere nell'albergo.

C'è un barbiere nell'albergo?
Sì, c'è un barbiere nell'albergo.

C'è una terrazza nell'albergo?
Is there a terrace in the hotel?

C'è un giardino nell'albergo?
Is there a garden in the hotel?

ci sono, there are, are there?

alla stazione, in the station

valigie, suitcases

facchini, porters

bauli, trunks

Ci sono facchini alla stazione?
Sì, ci sono facchini alla stazione.

Ci sono valigie alla stazione?
Sì, ci sono valigie alla stazione.

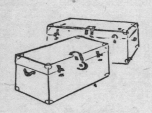 

Ci sono bauli alla stazione?
Sì, ci sono bauli alla stazione.

Ci sono giornali alla stazione?
Sì, ci sono giornali. alla stazione.

Non ci sono riviste. *There aren't any magazines.*
Non ci sono giornali. *There aren't any newspapers.*
Non ci sono facchini. *There are no porters.*

102

ci sono, there are, are there?

camere, rooms   **molti turisti,** many tourists

una camera a un letto, a single room (of one bed)

una camera a due letti, a double room (of two beds)

nell'hotel, in the hotel

Ci sono molti turisti nell'hotel?

Sì, ci sono molti turisti nell'hotel. Ci sono turisti
   americani, italiani, brasiliani, eccetera (etcetera).

Ci sono camere nell'hotel?

Sì, ci sono camere nell'hotel.

C'è (is there) una camera a un letto?

Sì, c'è una camera a un letto.

C'è una camera a due letti?

Sì, c'è una camera a due letti.

Ci sono pacchi per me? *Are there any packages for me?*

Ci sono lettere per me? *Are there any letters for me?*

Ci sono ambasciate per me? *Are there any messages for
   me?*

ALBERGO and HOTEL both mean "hotel."

EXERCISE

Answer the following questions:

1. C'è latte  nel frigorifero?

2. C'è prosciutto nel frigorifero?

3. C'è posto nel treno?

4. C'è cioccolata per cena?

5. Ci sono valigie alla stazione?

6. Ci sono facchini alla stazione?

7. Ci sono turisti nell'hotel?

8. Ci sono camere nell'hotel?

The answers to these questions are on the next page.

c'è, there is   **ci sono**, there are

Answers to the questions on the previous page.

1. Sì, c'è latte nel frigorifero.

2. Sì, c'è prosciutto nel frigorifero.

3. Sì, c'è posto nel treno.

4. Sì, c'è cioccolata per cena.

5. Sì, ci sono valigie alla stazione.

6. Sì, ci sono facchini alla stazione.

7. Sì, ci sono turisti nell'hotel.

8. Sì, ci sono camere nell'hotel.

EXERCISE

Translate the following sentences:

1. There is butter in the refrigerator

2. There is milk in the refrigerator.

3. There are seats on the plane.

4. There is a barber in the hotel.

5. There is soup for dinner.

6. There are porters in the station.

7. There are many tourists in the station.

8. Is there a single room?

Check your sentences with the translations on the next page.

c'è, there is   **ci sono,** there are

Translations of the sentences on the previous page.

1. C'è burro nel frigorifero.

2. C'è latte nel frigorifero.

3. C'è posto nell'aeroplano.

4. C'è un barbiere nell'hotel.

5. C'è minestra per cena.

6. Ci sono facchini alla stazione.

7. Ci sono molti turisti alla stazione.

8. C'è una camera a un letto?

Che è questo? What is this?
questo è, this is   **un paio di,** a pair of
un paio di pantaloni, a pair of trousers

Che è questo?
Questo è un paio di
   guanti.

Che è questo?
Questo è un paio di
   scarpe.

Che è questo?
Questo è un paio di
   calze.

Che è questo?
Questo è un paio di
   calzini.

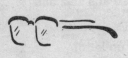

Che è questo?
Questo è un paio di
   occhiali.

Che è questo?
Questo è un paio di
   forbici.

quanto? how much?   **questa,** this (fem.)
Quanto costa questa blusa?
How much does this blouse cost? (How much costs this blouse?)

Quanto costa questa
gonna?

Quanto costa questa
camicia?

Quanto costa questa
giacca?

Quanto costa questa
cravatta?

Quanto costa questa automobile?
How much does this automobile cost?
Quanto costa questa vestaglia?
How much does this robe cost?
Quanto costa questa sottoveste?
How much does this slip cost?
Quanto costa questa sciarpa?
How much does this scarf cost?

To form the diminutive of words that end in O, remove the O and add INO. Examples:

il piatto, the plate

il piattino, the little plate, the saucer

il cucchiaio, the spoon

il cucchiaino, the little spoon, the tea spoon

sulla tavola, on the table

è, is

Il piatto è sulla tavola.

Il cucchiaio è sulla tavola.

Il piattino è sulla tavola.

Il cucchiaino è sulla tavola.

Dove è il piatto? *Where is the plate?*
Dove è il cucchiaio? *Where is the spoon?*
Dove è il cucchiaino? *Where is the tea spoon?*
Dove è il piattino? *Where is the saucer?*

To form the diminutive of words that end in A, remove the A and add INA. Example:

> la tazza, the cup
> la tazzina, the little cup
> (demitasse cup)

sulla tavola, on the table   **è,** is

La tazza è sulla tavola.

La forchetta è sulla tavola.

La tazzina è sulla tavola.

Il coltello è sulla tavola.

Dove è la tazza? *Where is the cup?*
Dove è la forchetta? *Where is the fork?*
Dove è la tazzina? *Where is the little cup?*
Dove è il coltello? *Where is the knife?*

111

è, is
pulito, clean (masc.)
pulita, clean (fem.)
la caraffa, the pitcher

la tovaglia, the tablecloth
il tovagliolo, the napkin
sporco, dirty (masc.)
sporca, dirty (fem.)

1. È pulito il cucchiaio?
   Sì, il cucchiaio è pulito.

2. È pulito il piatto?
   Sì, il piatto è pulito.

3. È sporco il tovagliolo?
   No, il tovagliolo non è sporco.
   Il tovagliolo è pulito.

4. È pulita la tovaglia?
   Sì, la tovaglia è pulita.

5. È sporca la caraffa?
   No, la caraffa non è sporca.
   La caraffa è pulita.

6. È pulito il bicchiere?
   Sì, il bicchiere è pulito.

7. È sporco il coltello?
   No, il coltello non è sporco.
   Il coltello è pulito.

a che ora? at what time? (at what hour?)
la festa, the party   **alle due,** at two o'clock
è, is

A che ora è la festa?

Alle cinque.

A che ora è il concerto?

Alle otto.

A che ora è il cinema?

Alle nove.

l'appuntamento, the appointment
A che ora è l'appuntamento?
L'appuntamento è alle otto.

113

In Italian sometimes you use the word IN instead of TO. You say for example "I go in church" instead of "I go to church".

vado, I go
in, in, to, to the

in ufficio, to the office
in biblioteca, to the library

domenica, Sunday, **on** Sunday

lunedì, Monday, **on** Monday

Vado in chiesa domenica.

Vado in ufficio lunedì.

martedì, Tuesday, **on** Tuesday

mercoledì, Wednesday, **on** Wednesday

Vado in banca martedì.

Vado in biblioteca mercoledì.

Say IN before countries and continents: Vado in Italia. Vado in Africa. Vado in Australia. Vado in Germania.

vado, I go

al, to the

giovedì, Thursday, on Thursday

venerdì, Friday, on Friday

Giovedì vado al teatro.

Venerdì vado al concerto.

sabato, Saturday, on Saturday

domani, tomorrow

Sabato vado al cinema.

Domani vado al museo.

vado, I go—	Vado al cinema domani.
va, you go— he, she it goes	Papà va al concerto domani. Roberto va al teatro sabato.
andiamo, we go—	Andiamo al museo domani.
vanno, they go—	Vanno al cinema venerdì.

See the two previous pages.

che cosa fa? what do you do?
una settimana, a week

lunedì, on Monday   **venerdì,** on Friday
martedì, on Tuesday   **sabato,** on Saturday
mercoledì, on Wednesday   **domenica,** on Sunday
giovedì, on Thursday   **vado,** I go

1. Che cosa fa domenica?
   Domenica vado in chiesa.

2. Che cosa fa lunedì?
   Lunedì vado in ufficio.

3. Che cosa fa martedì?
   Martedì vado in banca.

4. Che cosa fa mercoledì?
   Mercoledì vado in biblioteca.

5. Che cosa fa giovedì?
   Giovedì vado al teatro.

6. Che cosa fa venerdì?
   Venerdì vado al concerto.

7. Che cosa fa sabato?
   Sabato vado al cinema.

EVERYDAY EXPRESSIONS

Fa is a very important word. It means many things.

Fa:

you do, do you do?	you make, do you make?
he does, does he do?	he makes, does he make?
she does, does she do?	she makes, does she make?
it does, does it do?	it makes, does it make?

Che cosa fa? What are you doing? What do you do?
Che tempo fa? How is the weather?
Fa caldo. It's hot. (It makes heat.)
Fa freddo. It's cold. (It makes cold.)
Fa fresco. It's cool. (It makes fresh.)
Fa bel tempo. It's nice weather.
Fa cattivo tempo. It's bad weather.
Fa brutto tempo. It's bad weather. (It's ugly weather.)

Fa is the equivalent of AGO

Un minuto fa. A minute ago.
Un'ora fa. An hour ago.
Una settimana fa. A week ago.
Un mese fa. A month ago.
Un anno fa. A year ago.
Molto tempo fa. A long time ago.
Poco tempo fa. A short time ago.
Otto giorni fa. A week ago. (Eight days ago).
Quindici giorni fa. Two weeks ago. (Fifteen days ago.)

il mese, the month
i mesi, the months

a gennaio, in January
a febbraio, in February
a marzo, in March
in aprile, in April

c'è la neve, there is snow
fa freddo, it's cold
tira vento, it's windy
oggi, today

A gennaio c'è la neve.

A febbraio fa freddo.
Oggi fa freddo.

A marzo tira vento.
Oggi tira vento.

In aprile tira vento.

C'è la neve a gennaio? *Is there snow in January?*
Fa freddo a febbraio? *Is it cold in February?*
Tira vento a marzo? *Is it windy in March?*
Tira vento in aprile? *Is it windy in April?*

il mese, the month
i mesi, the months

a maggio, in May
a giugno, in June
a luglio, in July
in agosto, in August
oggi, today

ci sono i fiori, there are
  flowers
fa caldo, it's hot
fa molto caldo, it's very hot
c'e la frutta, there is fruit

A maggio ci sono i fiori.

A giugno c'è la frutta.

A luglio fa caldo.

Oggi fa caldo.

In agosto fa molto caldo.

Oggi fa molto caldo.

Ci sono fiori a maggio? *Are there flowers in May?*
Fa caldo a luglio? *Is it hot in July?*
C'è la frutta a giugno? *Is there fruit in June?*
Fa molto caldo in agosto? *Is it very hot in August?*

il mese, the month
i mesi, the months

a settembre, in
  September
in ottobre, in October
a novembre, in November
a dicembre, in December
stamani, this morning

tira vento, it's windy
fa bel tempo, the weather
  is good
fa cattivo tempo, the
  weather is bad
piove, it rains

A settembre tira vento.

A novembre piove.

In ottobre fa bel
  tempo.

Stamani fa bel tempo.

A dicembre fa cattivo
  tempo.

Stamani fa cattivo
  tempo.

Fa bel tempo in ottobre? *Is the weather nice in October?*
Fa cattivo tempo a dicembre?
Is the weather bad in December?
Piove a novembre? *Does it rain in November?*

le stagioni, the seasons
un anno, a year

d'inverno, in winter
di primavera, in spring
d'estate, in summer
d'autunno, in the fall

fa freddo, it's cold
fa fresco, it's cool
fa caldo, it's hot
oggi, today

D'inverno fa freddo.
Oggi fa freddo.

Di primavèra fa fresco.

D'estate fa caldo.
Oggi fa caldo.

D'autunno fa fresco.
Oggi fa fresco.

Fa freddo d'inverno? *Is it cold in the winter?*
Fa fresco di primavera? *Is it cool in the spring?*
Fa freddo oggi? *Is it cold today?*
Fa caldo oggi? *Is it hot today?*

121

posso, I can
posso andare, I can go

al, to the
domani, tomorrow

Posso andare al parco
   domani.

Posso andare al risto-
   rante domani.

Posso andare al
   cinema domani.

Posso andare al
   concerto domani.

Non posso andare al concerto domani.
I cannot go to the concert tomorrow.
Non posso andare al cinema domani.
I cannot go to the movies tomorrow.
Non posso andare al parco domani.
I cannot go to the park tomorrow.
Può andare al cinema? *Can you go to the movies?*

può andare? can you go?
posso andare, I can go
al teatro, to the theater
stamani, this morning

al mare, to the seashore
al balletto, to the ballet
al ballo, to the dance
stasera, tonight

Può andare al mare?
Sì, posso andare al mare.

Può andare al mare stamani?
Sì, posso andare al mare stamani.

Può andare al ballo?
Sì, posso andare al ballo.

Può andare al ballo stasera?
Sì, posso andare al ballo stasera.

Può andare al balletto?
Sì, posso andare al balletto.

Può andare al balletto stasera?
Sì, posso andare al balletto stasera.

può? can you?
posso, I can
stamani, this morning
la cena, dinner

preparare, to prepare
nuotare, to swim
ascoltare, to listen
studiare, to study

Può studiare stamani?
Sì, posso studiare
   stamani.

Può nuotare stamani?
Sì, posso nuotare
   stamani.

non posso, I can't

Può ascoltare la radio?
No, non posso ascoltare la radio.

Può preparare la cena?
Sì, posso preparare la cena.

Può preparare il caffè?
No, non posso preparare il caffè.

Può studiare l'italiano?
Sì, posso studiare l'italiano.

Notice that the TO form of the verbs above ends in
ARE in Italian. Examples: **preparare,** TO prepare
                                     studiare, TO study

può? can you?
posso, I can
con me, with me
con lei, with you, with her

lavorare, to work
viaggiare, to travel
camminare, to walk
invitare, to invite

Può camminare con me?
Sì, posso camminare con lei.

Può lavorare con me?
Sì, posso lavorare con lei.

Può lavorare con Roberto?
Sì, posso lavorare con Roberto.

Può viaggiare con me?
Sì, posso viaggiare con lei.

Può invitare Roberto?
Sì, posso invitare Roberto.

Può viaggiare con Maria?
Sì, posso viaggiare con Maria.

Posso lavorare con lei. *I can work with her.*
Posso lavorare con lui. *I can work with him.*
Posso viaggiare con lei. *I can travel with her.*
Posso viaggiare con lui. *I can travel with him.*

EXERCISE

Answer the following questions:

1. Può andare al mare?

2. Può andare al balletto?

3. Può andare al cinema?

4. Può camminare con me?

5. Può nuotare?

6. Può preparare il caffè?

7. Può ascoltare la radio?

8. Può studiare l'italiano?

The answers to these questions are on the next page.

Answers to the questions on the previous page.

1. Sì, posso andare al mare.

2. Sì, posso andare al balletto.

3. Sì, posso andare al cinema.

4. Sì, posso camminare con lei.

5. Sì, posso nuotare.

6. Sì, posso preparare il caffè.

7. Sì, posso ascoltare la radio.

8. Sì, posso studiare l'italiano.

posso? may I?
può, you may, you can
il conto, the check, the bill
adesso, now
la valigia, the suitcase

nuotare, to swim
portare, to carry, to take
pagare, to pay

lasciare, to leave
mangiare, to eat

Posso portare la valigia?
Sì, può portare la valigia.

Posso pagare il conto?
Sì, può pagare il conto.

Posso nuotare?
Sì, può nuotare.

Posso lasciare la valigia?
Sì, può lasciare la valigia.

Posso mangiare adesso?
Sì, può mangiare adesso.

Posso pagare il conto adesso?
Sì, può pagare il conto adesso.

Posso portare il pacco? *(the package)*
Sì, può portare il pacco.

Posso lasciare il pacco?
Sì, può lasciare il pacco.

vuole? do you want?
voglio, I want
la chitarra, the guitar
la lezione, the lesson

domani, tomorrow

parlare, to speak
imparare, to learn
studiare, to study
suonare, to play (an instrument)
guidare, to drive

Vuole guidare l'automobile?
Sì, voglio guidare l'automobile.

Vuole suonare la chitarra?
Sì, voglio suonare la chitarra.

Vuole parlare l'italiano?
Sì, voglio parlare l'italiano.

Vuole imparare la lezione?
Sì, voglio imparare la lezione.

Vuole studiare domani?
Sì, voglio studiare domani.

Vuole suonare il piano?
Sì, voglio suonare il piano.

Notice that the TO form of the above verbs ends in ARE in Italian. **parlare,** TO speak
guidare, TO drive

le piace? do you like?
mi piace, I like
e, and
guidare, to drive
nuotare, to swim

cucinare, to cook
parlare, to speak
ballare, to dance
cantare, to sing
giocare, to play (a game)

Le piace giocare a tennis?
Sì, mi piace giocare a tennis.

Le piace giocare a golf?
Sì, mi piace giocare a golf.

Le piace cucinare?
Sì, mi piace cucinare.

Le piace parlare italiano?
Sì, mi piace parlare italiano.

Le piace cantare e ballare?
Sì, mi piace cantare e ballare.

Le piace guidare l'automobile?
Sì, mi piace guidare l'automobile.

Le piace nuotare?
Sì, mi piace nuotare.

Combine the words in the left column with the words in the right column to form sentences. Follow the examples given below.

voglio, I want	**nuotare,** to swim
vuole? do you want?	**studiare,** to study
posso? can I? may I?	**pagare,** to pay
può? can you?	**andare,** to go
posso, I can	**mangiare,** to eat
può, you, he, she, it can	**lavorare,** to work
mi piace, I like	**cucinare,** to cook
le piace? do you like?	**viaggiare,** to travel
mi piacerebbe, I would like	**ballare,** to dance
le piacerebbe? would you like?	**parlare,** to speak
	preparare, to prepare
	ascoltare, to listen
	camminare, to walk
	invitare, to invite
	lasciare, to leave
	portare, to carry, to take
	imparare, to learn
	comprare, to buy

EXAMPLES:

Voglio nuotare. *I want to swim.*
Voglio andare al cinema. *I want to go to the movies.*
Le piace viaggiare? *Do you like to travel?*
Posso pagare il conto? *May I pay the bill?*
Mi piacerebbe ballare. *I would like to dance.*

You can form a great number of sentences combining the words in the columns above.

vuole? do you want?
voglio, I want
vendere, to sell

la barca, the boat
i biglietti, the tickets
la casa, the house

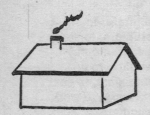

Vuole vendere la casa?
Sì, voglio vendere la
casa.

Vuole vendere la
barca?
Sì, voglio vendere la
barca.

Vuole vendere
l'automobile?
Sì, voglio vendere
l'automobile.

Vuole vendere i
biglietti?
Sì, voglio vendere i
biglietti.

Roberto vuole vendere l'automobile.
Robert wants to sell the car.
Roberto vuole vendere la casa.
Robert wants to sell the house.
Roberto vuole vendere la barca.
Robert wants to sell the boat.

posso vedere? may I see?
sì, signore, yes, sir
sì, signorina, yes, miss

un ombrello, an umbrella
una gonna, a skirt
una sciarpa, a scarf

Posso vedere una
gonna?
Sì, signorina.

Posso vedere un
ombrello?
Sì, signore.

Posso vedere una
sciarpa?
Sì, signorina.

Posso vedere una
cravatta?
Sì, signore.

Posso vedere una radio?

Notice that the TO form of these verbs ends in ERE
in Italian. Examples: **vedere,** TO see
                    vendere, TO sell

133

voglio finire, I want to finish

la lezione, the lesson

l'articolo, the article

il giornale, the newspaper

il libro, the book

la lettera, the letter

la cena, dinner

presto, soon

Voglio finire il libro.

Voglio finire la lettera.

Voglio finire la cena presto.
Voglio finire l'articolo presto.
Voglio finire il giornale.
Voglio finire la lezione.

vuole finire, he, she wants to finish

Roberto vuole finire la lettera.
Maria vuole finire la lezione.
Daniele vuole finire il libro.
Papà vuole finire il giornale.

Vuole finire il libro?
Do you want to finish the book?
Vuole finire la lettera?
Do you want to finish the letter?

non posso, I can't   **capire,** to understand
può? can you?   **dormire,** to sleep
oggi, today   **salire,** to go up
le scale, the steps   **sentire,** to hear, to listen

Può sentire la radio?   Può salire le scale?
Sì, posso sentire la   Sì, posso salire le
     radio.   scale.

 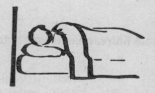

Può capire il libro?   Può dormire oggi?
Sì, posso capire il libro.   Sì, posso dormire oggi.

Notice that the TO form of the above verbs ends in
IRE in Italian. Examples: **dormire,** TO sleep
                               capire, TO understand

EXERCISE

Answer the following questions:

1. Vuole vendere la casa?

2. Vuole vendere la barca?

3. Può sentire la radio?

4. Può salire le scale?

5. Vuole vendere i biglietti?

6. Vuole vendere l'automobile?

7. Può dormire oggi?

8. Può capire il libro?

The answers to these questions are on the next page.

Answers to the questions on the previous page.

1. Sì, voglio vendere la casa.

2. Sì, voglio vendere la barca.

3. Sì, posso sentire la radio.

4. Sì, posso salire le scale.

5. Sì, voglio vendere i biglietti.

6. Sì, voglio vendere l'automobile.

7. Sì, posso dormire oggi.

8. Sì, posso capire il libro.

oggi, today

ha studiato? did you study?

ho studiato, I studied

ha pagato? did you pay?

ho pagato, I paid

ha nuotato? did you swim?

ho nuotato, I swam

ha mangiato? did you eat?

ho mangiato, I ate

Ha studiato oggi?
Sì, ho studiato oggi.

Ha pagato il conto?
Sì, ho pagato il conto.

Ha nuotato oggi?
Sì, ho nuotato oggi.

Ha mangiato?
Sì, ho mangiato.

Notice that in Italian you say "I have studied" instead of "I studied," "I have paid" instead of "I paid," etc.

Past tense ending for ARE verbs: ATO.

ha lavorato? did you work?

ho lavorato, I worked

ha viaggiato? did you travel?

ho viaggiato, I traveled

ha lasciato? did you leave?

ho lasciato, I left

ha portato? did you bring?

ho portato, I brought

molto, much, a lot

   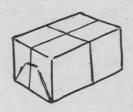

Ha lasciato la valigia?   Ha lasciato il pacco?
Sì, ho lasciato la valigia.   Sì, ho lasciato il pacco.

Ha lavorato?   Ha viaggiato molto?
Sì, ho lavorato molto.   Sì, ho viaggiato molto.

Notice that in Italian you say "I have worked" instead of "I worked," "I have left" instead of "I left," etc.

abbiamo viaggiato, we traveled

abbiamo lavorato, we worked

abbiamo lasciato, we left

abbiamo portato, we carried, brought

hanno viaggiato, they traveled

hanno lavorato, they worked

hanno lasciato, they left

hanno portato, they carried

ha venduto? did you sell?
ho venduto, I sold
ha veduto? did you see?
ho veduto, I saw

la barca, the boat
la bicicletta, the bicycle
il palazzo, the building
l'aeroplano, the airplane

Ha venduto la barca?
Sì, ho venduto la
barca.

Ha venduto la
bicicletta?
Sì, ho venduto la
bicicletta.

Ha veduto l'aeroplano?
Sì, ho veduto
l'aeroplano.

Ha veduto il palazzo?
Sì, ho veduto il
palazzo.

In Italian "I saw" is either **ho veduto** or **ho visto.**

Past tense endings for ERE verbs: UTO.

ha finito? did you finish?
ho finito, I finished
ha sentito? did you hear?
ho sentito, I heard

ha dormito? did you sleep?
ho dormito, I slept
bene, well

Ha finito il libro?
Sì, ho finito il libro.

Ha finito la lettera?
Sì, ho finito la lettera.

Ha dormito bene?
Sì, ho dormito bene.

Ha sentito la radio?
Sì, ho sentito la radio.

Past tense endings:
For ARE verbs: ATO
For ERE verbs: UTO
For IRE verbs: ITO

abbiamo finito, we
finished

hanno finito, they
finished

EXERCISE

Answer the following questions:

1. Ha pagato il conto?

2. Ha nuotato oggi?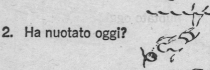

3. Ha lasciato la·valigia?

4. Ha portato il pacco?

5. Ha venduto la barca?

6. Ha veduto l'aeroplano?

7. Ha dormito bene?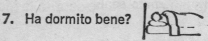

8. Ha finito il libro?

The answers to these questions are on the next page.

ho pagato, I paid　　　**ho finito, I finished**
ho veduto, I saw

Answers to the questions on the previous page.

1. Sì, ho pagato il conto.

2. Sì, ho nuotato oggi.

3. Sì, ho lasciato la valigia.

4. Sì, ho portato il pacco.

5. Sì, ho venduto la barca.

6. Sì, ho veduto l'aeroplano.

7. Sì, ho dormito bene.

8. Sì, ho finito il libro.

che cosa ha fatto? what did you do?

ho giocato a, I played (a game)

stamani, this morning

ho studiato, I studied

stasera, this evening

ho ascoltato, I listened

oggi, today

Che cosa ha fatto stamani?
Stamani ho giocato a tennis.

Che cosa ha fatto oggi?
Oggi ho giocato a golf.

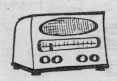

Che cosa ha fatto stamani?
Stamani ho studiato l'italiano.

Che cosa ha fatto stasera?
Stasera ho ascoltato la radio.

fare, to make, to do

ho fatto, I did

abbiamo fatto, we did

ha fatto, you, he, she did

hanno fatto, they did

Che cosa ha fatto? What did you do?
sono andato, I went (when a man says it)
sono andata, I went (when a woman says it)
al mercato, to the market   **alla libreria,** to the
al lago, to the lake   bookstore
                         alle corse, to the races

Che cosa ha fatto?   Che cosa ha fatto?
Sono andato alla   Sono andato al
    libreria.   mercato.
Sono andata alla   Sono andata al
    libreria.   mercato.

Che cosa ha fatto?   Che cosa ha fatto?
Sono andato al lago.   Sono andato alle corse.
Sono andata al lago.   Sono andata alle corse.

        Sono andato all'opera.
        Sono andato all'hotel.
        Sono andato all'aeroporto.

ho preso, I took
   (I have taken)

un, a
il, the

Ho preso il treno.

Ho preso l'aeroplano.

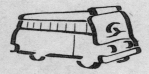

Ho preso l'autobus.

Ho preso il piroscafo.

prendere, to take

ho preso, I took

ha preso, he, she, it took

abbiamo preso, we took

hanno preso, they took

Ho preso un taxi.

Alberto ha preso
   l'autobus.

Abbiamo preso
   l'aeroplano.

Hanno preso un
   piroscafo.

Ha preso il treno? *Did you take the train?*

146

ho preso, I took, I had
(food)

ha preso? did you take?
did you have?

il, the

un, a

Ha preso il caffè?
Sì, ho preso il caffè.

Ha preso il tè?
Sì, ho preso il tè.

Ha preso il pane?
Sì, ho preso il pane.

Ha preso il roastbeef?
Sì, ho preso il
roastbeef.

ho preso, I took

ha preso, he, she, it took

abbiamo preso, we took

hanno preso, they took

Ho preso un taxi.
Mamma ha preso
l'autobus.
Abbiamo preso il
roastbeef.
Hanno preso il pane.

ha letto? did you read?
ho letto, I read (past)
un articolo, an article

la, il, the
il romanzo, the novel
il giornale, the newspaper

Ha letto il romanzo?
Sì, ho letto il romanzo.

Ha letto la lettera?
Sì, ho letto la lettera.

Ha letto il giornale?
Sì, ho letto il giornale.

Ha letto il menù?
Sì, ho letto il menù.

leggere, to read

ho letto, I read (past)
ha letto? did you read?
ha letto, he, she read

abbiamo letto, we read
(past)
hanno letto, they read
(past)

Ho letto un articolo.
Ha letto il giornale?
Roberto ha letto il
romanzo.
Abbiamo letto il menù.

Hanno letto il giornale.

ha scritto? did you write?
ho scritto, I wrote
non ho scritto, I didn't write
la lista, the list
un romanzo, a novel

la cartolina, the postcard
l'assegno, the check
la lezione, the lesson

la lettera, the letter
una poesia, a poem

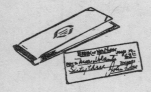 

Ha scritto l'assegno?
Sì, ho scritto l'assegno.

Ha scritto la cartolina?
Sì, ho scritto la cartolina.

Ha scritto la lista?
Sì, ho scritto la lista.

Ha scritto un romanzo?
No, non ho scritto un romanzo.

Ha scritto la lezione?
Sì, ho scritto la lezione.

Ha scritto la lettera?
Sì, ho scritto la lettera.

Ha scritto una poesia?
No, non ho scritto una poesia.

scrivere, to write

ho messo, I put (past)   **sulla tavola,** on the table

Ho messo il sale sulla   Ho messo il pepe sulla
tavola.   tavola.

Ho messo il bicchiere   Ho messo il pane sulla
sulla tavola.   tavola.

mettere, to put

ho messo, I put	Ho messo il caffè sulla tavola.
ha messo, he, she put	Mamma ha messo il sale sulla tavola.
abbiamo messo, we put	Abbiamo messo il pepe sulla tavola.
hanno messo, they put	Hanno messo il pepe sulla tavola.

Ha messo il sale sulla tavola?
Did you put the salt on the table?
Ha messo il pepe sulla tavola?
Did you put the pepper on the table?
Ha messo il pane sulla tavola?
Did you put the bread on the table?

Una volta. Once. One time.

Due volte. Twice. Two times.

Sono stato (man) **a Roma due volte.** I have been in Rome twice.

Sono stata (woman) **a Roma due volte.** I have been in Rome twice.

Molte volte. Many times.

Qualche volta. Sometimes.

Tutte le volte. Every time.

Una volta ogni tanto. Once in a while.

Un'altra volta. Again. Another time.

Questa volta. This time.

Quella volta. That time.

Di tanto in tanto. From time to time.

Sempre. Always.

Mai. Never.

Forse. Maybe. Perhaps.

Tutto. Everything.

Niente. Nothing.

Senza. Without.

Vuole firmare questo assegno? Will you sign this check? (Do you want to sign this check?)

Sarebbe interessante scrivere. It would be interesting to write.

Sarebbe interessante andare a Roma. It would be interesting to go to Rome.

Ho bisogno. I need.

Ho bisogno di pane. I need bread.

Ho bisogno di studiare. I have to study. I need to study.

Ho bisogno di lavorare. I have to work. I need to work.

EXERCISE

Answer the following questions:

1. Ha preso il piroscafo?

2. Ha preso il treno?

3. Ha preso il pane?

4. Ha letto la lettera?

5. Ha letto il giornale?

6. Ha scritto l'assegno?

7. Ha scritto la cartolina?

8. Ha messo il pepe sulla tavola?

The answers to these questions are on the next page.

ho preso, I took, I had (food)   **ho scritto,** I wrote

ho letto, I read (past)   **ho messo,** I put (past)

Answers to the questions on the previous page.

1. Sì, ho preso il piroscafo.

2. Sì, ho preso il treno.

3. Sì, ho preso il pane.

4. Sì, ho letto la lettera.

5. Sì, ho letto il giornale.

6. Sì, ho scritto l'assegno.

7. Sì, ho scritto la cartolina.

8. Sì, ho messo il pepe sulla tavola

parlo, I talk, I speak   **con,** with
parlo al telefono, I talk on the phone

Parla italiano con il
  dottore?
Sì, parlo italiano **con il**
  dottore.

Parla italiano con il
  dentista?
Sì, parlo italiano con
  il dentista.

Parla al telefono?
Sì, parlo al telefono.

Parla italiano con il
  professore?
Sì, parlo italiano con il
  professore.

parlo, I speak   Parlo con Roberto.
parla, he, she speaks   Maria parla italiano.
parliamo, we speak   Parliamo inglese
                              (English).
parlano, they speak   Parlano inglese.

154

il presidente parla, the
  president speaks

alla, on the

rapidamente, fast

lentamente, slowly

Il presidente parla alla televisione.

Il presidente parla alla radio.

Maria parla lentamente.
Alberto parla rapidamente.

molto, *much, a lot, very*

Roberto parla molto.
Daniele parla molto rapidamente.

Parla molto Roberto? *Does Robert talk a lot?*
Parla rapidamente Roberto? *Does Robert speak fast?*
Parla lentamente Roberto? *Does Robert speak slowly?*

155

suona? do you play?
 (an instrument)
suono, I play (an
 instrument)

la, the (feminine)
il, the (masculine)
l', the (before words that
 begin with a vowel)

Suona la chitarra?
Sì, suono la chitarra.

Suona il piano?
Sì, suono il piano.

Suona il violino?
No, non suono il
 violino.

Suona l'organo?
No, non suono
 l'organo.

suonare, to play

suono, I play
suona? do you play?
suona, he, she plays
suoniamo, we play
suonano, they play

Suono la chitarra.
Suona il violino?
Roberto suona la chitarra.
Suoniamo il piano.
Suonano l'organo.

gioca? do you play?
  (a game)
gioco, I play

a carte, (at) cards

a tennis, (at) tennis

Gioca a tennis?
Sì, gioco a tennis.

Gioca a golf?
Sì, gioco a golf.

Gioca a baseball?
No, non gioco a
  baseball.

Gioca a carte?
No, non gioco a carte.

giocare, to play

gioco, I play
gioca, do you play?
gioca, he, she plays
giochiamo, we play
giocano, they play

Gioco a carte.
Gioca a tennis?
Roberto gioca a golf.
Giochiamo a carte.
Giocano a baseball.

157

dove lavora? where do you work?
lavoro, I work
una agenzia di turismo, a tourist agency

una scuola, a school
una fabbrica, a factory
una biblioteca, a library
un negozio, a store
un ufficio, an office

Dove lavora?
Lavoro in un negozio.

Dove lavora?
Lavoro in una banca.

Dove lavora?
Lavoro in una agenzia di turismo.

Dove lavora?
Lavoro in una scuola.

Dove lavora?
Lavoro in un ufficio.

Lavora in banca? *Do you work in a bank?*
Dove lavora Roberto? *Where does Robert work?*
Roberto lavora in una fabbrica. *Robert works in a factory.*
Dove lavora Maria?
Maria lavora in una biblioteca.
Alberto lavora in un garage.
Daniele lavora in un hotel.
Il professore lavora in una università.

lavoro, I work
lavora, you work, he, she works

lavoriamo, we work
lavorano, they work

dove abita? where do you live?
abito, I live

appartamento, apartment
una pensione, a boarding house

Dove abita?
Abito in una casa.

Dove abita?
Abito in un appartamento.

Dove abita?
Abito in Italia.

Dove abita?
Abito in un hotel.

Abita in un appartamento? *Do you live in an apartment?*
Sì, abito in un appartamento.

Dove abita Roberto? *Where does Robert live?*
Roberto abita in via Veneto. *Robert lives on Veneto Street.*
Dove abita Luisa? Luisa abita a Roma.
Dove abita Alberto? Alberto abita in una pensione.

abitare, to live

abito, I live
abita, you live
    he, she lives

abitiamo, we live
abitano, they live

EXERCISE

Answer the following questions:

1. Parla italiano con il dottore?

2. Parla al telefono?

3. Suona la chitarra?

4. Gioca a tennis?

5. Lavora in banca?

6. Abita in una casa?

7. Suona il piano?

8. Abita in un appartamento?

The answers to these questions are on the next page.

parlo, I speak
abito, I live

lavoro, I work
gioco, I play (a game)

Answers to the questions on the previous page.

1. Sì, parlo italiano con il dottore.

2. Sì, parlo al telefono.

3. Sì, suono la chitarra.
   No, non suono la chitarra.

4. Sì, gioco a tennis.
   No, non gioco a tennis.

5. Sì, lavoro in banca.
   No, non lavoro in banca.

6. Sì, abito in una casa.
   No, non abito in una casa.

7. Sì, suono il piano.
   No, non suono il piano.

8. Sì, abito in un appartamento.
   No, non abito in un appartamento.

The present tense of ARE verbs is formed by removing the ARE and adding the following endings:

I	O	IAMO	we
you he, she, it	A	ANO	you (pl.) they

EXAMPLES
COMPRARE, to buy

I buy	COMPRO	COMPRIAMO	we buy
you buy he, she buys	COMPRA	COMPRANO	you (pl.) buy they buy

Below you will find the complete translation of the above chart.

Comprare, to buy

Compro, I buy, I am buying
Compra, you buy, do you buy?
       he buys, does he buy?
       she buys, does she buy?
       you are buying, are you buying?
       he is buying, is he buying?
       she is buying, is she buying?
Compriamo, we buy, we are buying
Comprano, you (pl.) buy, do you (pl.) buy?
       they buy, do they buy?
       you (pl.) are buying, are you (pl.) buying?
       they are buying, are they buying?

LIST OF REGULAR "ARE" VERBS

To form the present tense of these verbs, remove ARE and add the following endings:

I	O	IAMO	we
you, he, she, it	A	ANO	you (pl.), they

dare, to give
portare, to carry
studiare, to study
imparare, to learn
comprare, to buy
parlare, to speak
cantare, to sing
ballare, to dance
mangiare, to eat
viaggiare, to travel
nuotare, to swim
pagare, to pay
lavorare, to work
preparare, to prepare
ascoltare, to listen
invitare, to invite
lasciare, to leave (a thing)
suonare, to play
  (an instrument)

domandare, to ask
cominciare, to begin
arrivare, to arrive
salutare, to greet
chiamare, to call
provare, to try
ricordare, to remember
guardare, to look at
aiutare, to help
camminare, to walk
cambiare, to change
assaggiare, to taste
guadagnare, to earn
mandare, to send
stirare, to iron
lavare, to wash
trovare, to find
affittare, to rent
giocare, to play (a game)

la matita, the pencil   **con,** with
scrivo, I write, I am writing   **una,** a (feminine)
scrive? do you write? are you writing?
a macchina, on the typewriter

Scrive con la matita?   Scrive a macchina?
Sì, scrivo con la   Sì, scrivo a macchina.
    matita.

Scrive con la penna?   Scrive una lettera?
Sì, scrivo con la penna.   Sì, scrivo una lettera.

scrivere, to write

scrivo, I write   Scrivo una lettera.
scrive, he, she writes   Alberto scrive con la
    penna.
scriviamo, we write   Scriviamo con la matita.
scrivono, they write   Scrivono a macchina.

legge? do you read? are you reading?
leggo, I read, I am reading   **molto,** very
giornali, newspapers   **riviste,** magazines
romanzi, novels   **interessanti,** interesting
belli, nice   **sono,** they are

Legge romanzi?
Sì, leggo romanzi
    italiani; sono molto
    belli.

Legge giornali?
Sì, leggo giornali
    italiani; sono molto
    interessanti.

Legge riviste italiane?
Sì, leggo riviste italiane; sono molto interessanti.

leggo, I read   Leggo molto.
legge, he, she reads   Roberto legge molto.
leggiamo, we read   Leggiamo romanzi.
leggono, they read   Leggono molto.

stamani, this morning   **stasera,** tonight
oggi, today   **adesso,** now
prende? are you taking? do you take?
prendo, I am taking, I take

Prende il treno
    stamani?
Sì, prendo il **treno**
    stamani.

Prende l'aeroplano
    stasera?
Sì, prendo l'aeroplano
    stasera.

Prende il taxi adesso?
Sì, prendo il taxi
    adesso.

Prende l'autobus oggi?
Sì, prendo l'autobus
    oggi.

Prendo il caffè la mattina.
I have (take) coffee in the morning.

prendere, to take

prendo, I take   **prendiamo,** we take
prende, he, she takes   **prendono,** they take

ride? do you laugh? **quando,** when
rido, I laugh **buffo,** funny
vede? do you see? **nel circo,** in the circus
vedo, I see **il pagliaccio,** the clown

Ride quando vede il pagliaccio nel circo?
Sì, rido quando vedo il pagliaccio nel circo.
È buffo il pagliaccio? Sì, il pagliaccio è buffo.

Ride quando vede la scimmia nel circo?
Sì, rido quando vedo la scimmia nel circo.
È buffa la scimmia? Sì, la scimmia è buffa.

Ride quando vede l'elefante nel circo?
Sì, rido quando vedo l'elefante nel circo.

dorme? do you sleep?
dormo, I sleep
sul divano, on the sofa

apre? do you open?
apro, I open
sul letto, on the bed

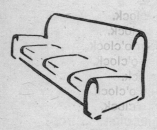

Dorme sul divano?
No, non dormo sul
divano.

Dorme sul letto ?
Sì, dormo sul letto.

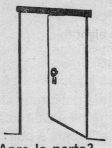

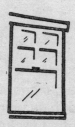

Apre la porta?
Sì, apro la porta.

Apre la finestra?
Sì, apro la finestra.

aprire, to open
apro, I open
apre, he, she opens
apriamo, we open
aprono, they open

dormire, to sleep
dormo, I sleep
dorme, he, she sleeps
dormiamo, we sleep
dormono, they sleep

TELLING TIME

Che ora è? What time is it? (What hour is it?)

1:00—**È l'una.** It's one o'clock.
2:00—**Sono le due.** It's two o'clock.
3:00—**Sono le tre.** It's three o'clock.
4:00—**Sono le quattro.** It's four o'clock.
5:00—**Sono le cinque.** It's five o'clock.
6:00—**Sono le sei.** It's six o'clock.
7:00—**Sono le sette.** It's seven o'clock.
8:00—**Sono le otto.** It's eight o'clock.
9:00—**Sono le nove.** It's nine o'clock.
10:00—**Sono le dieci.** It's ten o'clock.
11:00—**Sono le undici.** It's eleven o'clock.
12:00—**Sono le dodici.** It's twelve o'clock.

8:15—**Sono le otto e un quarto.** It's a quarter past eight.
8:30—**Sono le otto e mezzo.** It's eight thirty.
8:45—**Sono le otto e tre quarti.** It's eight forty five.
8:10—**Sono le otto e dieci.** It's eight ten.
10 to 8—**Sono le otto meno dieci.** It's ten to eight.

partire, to leave

parto, 1 leave
parte, you leave
he, she, it
leaves

partiamo, we leave
partono, they leave

A che ora parte? *At what time do you leave?*
Parto alle dieci. *I leave at ten o'clock.*

suo padre, your father
suo zio, your uncle

A che ora parte il treno?
At what time does the train leave?
(At what hour leaves the train?)

**A che ora parte il
piroscafo?**

**A che ora parte
l'aeroplano?**

**A che ora parte
l'autobus?**

**A che ora parte
l'elicottero?**

A che ora parte il treno?
A che ora parte Roberto?
A che ora parte suo padre?
A che ora parte suo zio?

partire, to leave

Il piroscafo parte alle due. *The boat leaves at two o'clock.*

A che ora arriva il treno?
At what time does the train arrive?
(At what hour arrives the train?)

A che ora arriva il treno?
Il treno arriva alle due.

A che ora arriva il piroscafo?
Il piroscafo arriva alle cinque.

A che ora arriva l'autobus?
L'autobus arriva alle otto.

A che ora arriva l'aeroplano?
L'aeroplano arriva alle dieci.

arrivare, to arrive, to get there, to get here

arrivo, I arrive   **arriviamo,** we arrive
arriva, you arrive, he,   **arrivano,** they arrive
      she, it arrives

EXERCISE

Answer the following questions:

1. Scrive con la matita?

2. Scrive a macchina?

3. Scrive una lettera?

4. Legge romanzi italiani?

5. Prende il treno?

6. Prende l'autobus?

7. Dorme sul letto?

8. Apre la porta?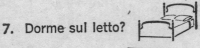

The answers to these questions are on the next page.

apro, I open

scrivo, I write   prendo, I take, I'm taking

leggo, I read   dormo, I sleep

Answers to the questions on the previous page.

1. Sì, scrivo con la matita.

2. Sì, scrivo a macchina.
   No, non scrivo a macchina.

3. Sì, scrivo una lettera.

4. Sì, leggo romanzi italiani.

5. Sì, prendo il treno.
   No, non prendo il treno.

6. Sì, prendo l'autobus.
   No, non prendo l'autobus.

7. Sì, dormo sul letto.

8. Sì, apro la porta.

The present tense of ERE and IRE verbs is formed by removing the ERE or the IRE and adding the following endings:

I	O	IAMO	we
you he, she, it	E	ONO	you (pl.) they

EXAMPLES

VENDO	VENDIAMO
VENDE	VENDONO

DORMO	DORMIAMO
DORME	DORMONO

Below you will find the complete translation of the above charts.

Vendere, to sell

Vendo, I sell, I am selling
Vende, you sell, do you sell?
       he sells, does he sell?
       she sells, does she sell?
       you are selling, are you selling?
       he is selling, is he selling?
       she is selling, is she selling?
Vendiamo, we sell, we are selling
Vendono, you (pl.) sell, do you (pl.) sell?
       they sell, do they sell?
       you (pl.) are selling, are you (pl.) selling?
       they are selling, are they selling?

Dormire, to sleep

Dormo, I sleep, I am sleeping
Dorme, you sleep, do you sleep?
      he sleeps, does he sleep?
      she sleeps, does she sleep?
      you are sleeping, are you sleeping?
      he is sleeping, is he sleeping?
      she is sleeping, is she sleeping?
Dormiamo, we sleep, we are sleeping
Dormono, you (pl.) sleep, do you (pl.) sleep?
      they sleep, do they sleep?
      you (pl.) are sleeping, are you (pl.) sleeping?
      they are sleeping, are they sleeping?

To form the present tense of these verbs remove ERE or IRE and add the following endings:

I	O	IAMO	we
you	E	ONO	you (pl.)
he, she, it			they

LIST OF REGULAR "ERE" VERBS

cadere, to fall
conoscere, to know
crescere, to grow
godere, to enjoy
piovere, to rain
ricevere, to receive
vedere, to see
vendere, to sell

LIST OF REGULAR "IRE" VERBS

divertire, to amuse
dormire, to sleep
cucire, to sew
empire, to fill
fuggire, to run away
partire, to leave
sentire, to hear, to feel

tutto il giorno, all day	**in salotto,** in the living
in casa, at home	room
in campagna, in the	**in cucina,** in the kitchen
country	**in ufficio,** in the office

In Italian you don't say "I stayed". You say instead "I am stayed" (**sono restato**). If you are a man, you use this in the masculine form and say **"sono restato."** If you are a woman, you use the feminine form and say **"sono restata."**

sono restato, I stayed, (when a man says it)
sono restata, I stayed (when a woman says it)

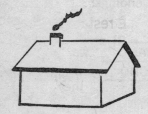 

Sono restato in casa. Sono restato in ufficio.
Sono restata in casa. Sono restata in ufficio.

Sono restato in campagna tutto il giorno.
Sono restata in campagna tutto il giorno.
Sono restato in cucina tutto il giorno.
Sono restata in cucina tutto il giorno.
Sono restato in salotto tutto il giorno.
Sono restata in salotto tutto il giorno.

è restato? did you stay? (man)
è restata? did you stay? (woman)
sono restato, I stayed (man)
sono restata, I stayed (woman)
al mare, at the seashore   **al parco,** in the park
tutta la settimana, all week   **a Firenze,** in Florence

È restato al parco?   È restato al mare?
Sì, sono restato al   Sì, sono restato al
    parco.   mare.
È restata al parco?   È restata al mare?
Sì, sono restata al   Sì, sono restata al
    parco.   mare.

È restato a Firenze tutta la settimana?
Sì, sono restato a Firenze tutta la settimana.

È restata a Firenze tutta la settimana?
Sì, sono restata a Firenze tutta la settimana.

Roberto è restato a Roma.
Maria è restata a Roma.
Alberto è restato all'hotel.
Maria è restata al club.

See previous page.
Restato (stayed) has masculine, feminine, singular and plural forms. Think of it as if it were an adjective.

restato (man)	**restati** (men)
restata (woman)	**restate** (women)

sono restati, they stayed, did they stay? (men)
sono restate, they stayed, did they stay? (women)
siamo restati, we stayed (men)
siamo restate, we stayed (women)

Sono restati al parco?
Sì, sono restati al parco.
Sono restate al parco?
Sì, sono restate al parco.

Sono restati al mare?
Sì, sono restati al mare.
Sono restate al mare?
Sì, sono restate al mare.

Siamo restati all'hotel.
Siamo restate all'hotel.
Siamo restati a Roma tutta la settimana.
Siamo restate a Firenze tutta la settimana.
Siamo restati in casa tutto il giorno.

I am	SONO	SIAMO	we are
you are he, she, it is	È	SONO	you (pl.) are they are

The past tense of the following verbs is formed with the verbs in the chart above.

Sono venuto. I came (I am come).
Sono andato. I went (I am gone).
Sono uscito. I went out (I am gone out).
Sono entrato. I went in (I am gone in).
Sono stato. I was (I am been).
Sono salito. I went up (I am gone up).
Sono sceso. I went down (I am gone down).
Sono tornato. I returned (I am returned).
Sono partito. I left (I am left).
Sono nato. I was born (I am born).
Sono arrivato. I arrived (I am arrived), I got here.

Remember that all these verbs go into the masculine, feminine, singular and plural forms.
Examples:

venuto (man)
venuta (woman)

venuti (men)
venute (women)

partito (man)
partita (woman)

partiti (men)
partite (women)

List of words in the composition on the next page.

ROMA

città, city
bellissima, most beautiful
ci sono, there are
molte, many
e, and
è, is
parchi, parks
i palazzi, the buildings
interessanti, interesting
con piacere, with pleasure
sono andato, I went
l'estate passata, last summer
sono arrivato, I arrived
meraviglioso, marvelous
chiese, churches
veramente, truly
musei, museums
tutto il giorno, all day
ho camminato, I walked
le strade, the streets
ho visto, I saw
cose, things
con tutti, with everybody
ho comprato, I bought
ricordi, souvenirs
i piatti, the dishes
ristoranti, restaurants
una visione, a view
di notte, at night

ROMA

Roma è una città bellissima. A Roma ci sono molte fontane e parchi.

Una fontana romana

I palazzi romani sono molto interessanti. I turisti visitano Roma con piacere.

Sono andato (andata) a Roma l'estate passata. Sono arrivato (arrivata) a Roma in aeroplano. Il panorama di Roma dall'aeroplano è meraviglioso. Molte piazze, molte chiese 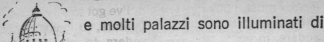 e molti palazzi sono illuminati di notte. È una visione veramente bella.

A Roma ho visitato chiese, 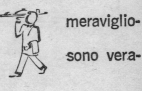 musei, e palazzi tutto il giorno.

Ho camminato per le strade, ho visto cose interessanti, ho parlato italiano con tutti, e ho comprato ricordi di Roma.

Ci sono molti ristoranti meraviglio- si a Roma. I piatti italiani sono vera- mente deliziosi.

deve? do you have to? must you? should you?
devo, I must, I have to, I ought, I've got to

comprare, to buy
andare, to go
lavorare, to work

invitare, to invite
vedere, to see
adesso, now

**Deve comprare un
  biglietto?**
**Sì, devo comprare un
  biglietto.**

Deve studiare?
Sì, devo studiare.

Deve lavorare adesso?
Sì, devo lavorare adesso.

Devo invitare Roberto.
Devo andare a Roma.
Deve vedere il film. *You must see the film.*
Deve vedere Roma.

devo, I ought, must
deve, you ought, must
  he, she, it ought,
  must

dobbiamo, we ought,
  must
devono, they ought, must

VIA means AWAY
Devo andare via. *I must go away.*

vede? do you see?
lo vedo, I see it (masc.)
la vedo, I see it (fem.)

il vassoio, the tray
il vaso, the vase
la bottiglia, the bottle

Vede il vassoio?
Sì, lo vedo.

Vede il vaso?
Sì, lo vedo.

Vede la bottiglia?
Sì, la vedo.

Vede la sedia?
Sì, la vedo.

LO means IT (masculine) and HIM
LA means IT (feminine) and HER
MI means ME

Lo vedo. I see him. **La vedo.** I see her.
Lo conosco. I know him. **La conosco.** I know her.
Lo chiamo. I call him. **La chiamo.** I call her.
Mi aiuta. He helps me. **La aiuto.** I help her.
Mi chiama. He calls me.
Mi conosce. He knows me.

vede? do you see?
li vedo, I see them (masc.)
le vedo, I see them (fem.)

i ragazzi, the boys
le ragazze, the girls
le stelle, the stars

Vede le ragazze?
Sì, le vedo.

Vede i ragazzi?
Sì, li vedo.

Vede i fiori?
Sì, li vedo.

Vede le stelle?
Sì, le vedo.

LI means THEM, things and people (masculine)
LE means THEM, things and people (feminine)
CI means US

Vede Daniele e Roberto? Sì, li vedo.

Vede Maria e Luisa? Sì, le vedo.
Ci vede? *Do you see us?*

185

gli, TO him
le, TO her

ha parlato? did you talk?
gli ha parlato? did you talk to him?
le ha parlato? did you talk to her?
gli ho parlato, I talked to him
le ho parlato, I talked to her
ieri, yesterday   **stamani,** this morning
oggi, today   **stasera,** tonight

Ha parlato a Roberto?
Sì, gli ho parlato.

Gli ha parlato stamani?
No, gli ho parlato stasera.

Ha parlato a Maria?
Sì, le ho parlato.

Le ha parlato ieri?
No, le ho parlato oggi.

gli parlo, I talk to him   **le parlo,** I talk to her

Remember:
    LO means him. GLI means TO him.
    LA means her. LE means TO her.

gli, TO them

ha parlato? did you talk?
gli ha parlato? did you talk to them?
gli ho parlato, I talked to them

Ha parlato a Roberto e Maria?
Sì, gli ho parlato.
Ha parlato a Daniele e Alberto?
Sì, gli ho parlato.

to me	MI	CI	to us
to you	LE	GLI	to you (pl.)
to him	GLI		to them
to her	LE		

Maria mi ha parlato stamani.
Mary talked to me this morning.

Le ha parlato stamani Roberto?
Did Robert talk to you this morning?

Luisa gli ha parlato ieri.
Luisa talked to him (to them) yesterday.

Alberto le ha parlato oggi. *Albert talked to her today.*

Roberto ci ha parlato stasera.
Robert talked to us this evening.

Le abbiamo parlato ieri. *We talked to her yesterday.*

Gli hanno parlato stasera. *They talked to him tonight.*

Note: GLI (to them) is the form most used in conversation. However you will also hear the word LORO (to them).

me lo, it to me
glielo, it to you, him, her, them
ha portato? did he bring? did he take? he brought, he took

Le ha portato il pacco?
Did he bring the package to you?
Me lo ha portato. *He brought it to me.*

Le ha portato il pacco?
Sì, me lo ha portato.

Ha portato il pacco a Maria?
Sì, glielo ho portato.

Ha portato il pacco a Roberto?
Sì, glielo ho portato.

Ha portato il pacco a Daniele e Alberto?
Sì, glielo ho portato.

it to me	ME LO	CE LO	it to us
it to you	GLIELO	GLIELO	it to them
him, her			it to you (pl.)

Pronouns are added on to verbs in the TO form.
Remove the final E and add the pronoun.

Voglio comprarlo. I want to buy it.
Voglio vederlo. I want to see him, it.
Voglio vederla. I want to see her.
Voglio vederle. I want to see them (feminine).
Voglio vederli. I want to see them (masculine).
Voglio parlargli. I want to talk TO him.
Voglio parlarle. I want to talk TO her, TO you.
Voglio parlargli. I want to talk TO them.

dare, to give

Voglio darglielo. I want to give it to you, to him, to her.
Vuole darmelo? Do you want to give it to me?
Vuole darcelo? Do you want to give it to us?

Voglio vederlo domani. I want to see him, (it) tomorrow.
Voglio farlo domani. I want to do it tomorrow.
Glielo ho detto. I told him (it to him).
Me lo ha detto. He told me (it to me).
Ce lo ha detto. He told us (it to us).

Vuole parlargli? Do you want to talk to him?
Vuole parlarle? Do you want to talk to her?

Vogliamo darglielo. We want to give it to him.
Vogliono vederli. They want to see them (masculine).
Vogliono vederle. They want to see them (feminine).

List of words in the composition on the next page.

VENEZIA

a Venezia, in Venice
una città, a city
famosa, famous
è, is
e, and
ci sono, there are
sempre, always
molti, many
nella piazza principale, in the main square
parlano, they talk
molti palazzi, many buildings
bellissima, most beautiful
anche, also
piccioni, pigeons
la chiesa, the church
invece, instead, on the other hand
seduti, seated
davanti, at, in front of
tavolini, little tables
la gente, the people
ragazzi, boys
ragazze, girls
la loro bellezza, their beauty
le donne, the women
gli uomini, the men
sono, are
romantiche, romantic

VENEZIA

Una gondola veneziana

Venezia è una città famosa. A Venezia ci sono sempre molti turisti. Nella piazza principale i turisti e i veneziani parlano con molto entusiasmo.

Nella piazza ci sono molti palazzi e una chiesa bellissima. Ci sono anche moltissimi piccioni.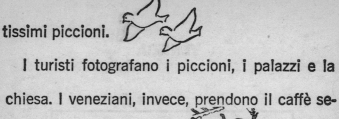

I turisti fotografano i piccioni, i palazzi e la chiesa. I veneziani, invece, prendono il caffè seduti davanti ai tavolini e parlano della gente che passa. Passano bellissimi ragazzi e bellissime ragazze. Le ragazze veneziane sono famose per la loro bellezza. Le donne e gli uomini veneziani sono molto eleganti.

A Venezia ci sono gondole invece di automòbili. Le gondole sono molto romantiche.

EVERYDAY EXPRESSIONS

Piove. It's raining.
Nevica. It's snowing.
Tira vento. It's windy.
Va bene. It's alright. It's OK.
D'accordo. I agree.
Invece. Instead. On the other hand.
Appunto. Just so.
Permesso? May I come in?
Dipende. It depends.
Inteso. Agreed.
Già. Already.
Certo. Certainly. Of course.
Certamente. Certainly, of course.
Naturalmente. Naturally.
Sicuro. Sure. Surely.
Basta. That's enough.
Ho abbastanza denaro. I have enough money.
Mi sembra di sì. I think so.
Mi dispiace. I am sorry.
Non importa. It does not matter.
Si accomodi. Come in. Sit down. Make yourself comfortable.
Credo di sì. I think so.
Credo di no. I don't think so.
Spero di sì. I hope so.
Spero di no. I hope not.

comprerà? will you buy?
comprerò, I'll buy
per sua madre, for your
  mother

un portafoglio, a wallet
un regalo, a gift
una cartella, a briefcase

Comprerà un portafoglio in Italia?
Sì, comprerò un portafoglio in Italia.

Comprerà vestiti in Italia?
Sì, comprerò vestiti in Italia.

Comprerà un regalo per sua madre?
Sì, comprerò un regalo per mia madre.

Comprerà una cartella per suo padre?
Sì, comprerò una cartella per mio padre.

compreremo, we'll buy
compreranno, they'll buy

Compreremo un regalo. Maria e Roberto compreranno una cartella.

Compreranno vestiti Maria e Luisa?
Will Mary and Luisa buy dresses?

Roberto comprerà un regalo per sua madre.
Robert will buy a gift for his mother.

194

nuoterà? will you swim?
nuoterò, I'll swim
tornerò, I'll come back
tornerà? will you come back?

domani, tomorrow
nella piscina, in the swimming pool
tardi, late
presto, early, soon

Nuoterà nella piscina?
Sì, nuoterò nella piscina.

Nuoterà domani?
Sì, nuoterò domani.

Tornerà domani?
Sì, tornerò domani.

Tornerà presto?
Sì, tornerò presto.

Tornerà tardi?
No, non tornerò tardi.

nuoterò, I'll swim
nuoterà, he, she, it will swim
nuoteremo, we'll swim
nuoteranno, they'll swim

tornerò, I'll get back
tornerà, he, she, it'll get back
torneremo, we'll get back
torneranno, they'll get back

Torneremo presto. Torneranno presto.
Nuoteremo domani. Nuoteranno domani.
Torneranno domani?
Will they get back tomorrow?
Nuoteranno domani?
Will they swim tomorrow?

195

si metterà? will you wear? (will you put on?)
mi metterò, I'll wear (I'll put on)
prenderà? will you take?
prenderò, I'll take
un cappello, a hat
per, for

per uscire, to go out
stasera, tonight
la spiaggia, the beach
un vestito da sera, an evening gown

Si metterà un vestito
da sera?
Sì, mi metterò un
vestito da sera.

Si metterà un costume
da bagno?
Sì, mi metterò un
costume da bagno.

Si metterà un cappello per uscire?
Sì, mi metterò un cappello per uscire.
Si metterà un costume da bagno per la spiaggia?
Sì, mi metterò un costume da bagno per la spiaggia.
Prenderà un taxi stasera?
Sì, prenderò un taxi stasera.

prenderemo, we'll take
prenderanno, they'll take

Prenderemo un taxi.
Prenderanno
l'automobile.

Prenderanno l'automobile stasera?
Will they take the car tonight?

andrà? will you go?
andrò, I'll go
avrà? will you have?
avrò, I'll have

soldi, money
tempo, time
nuoterò, I'll swim
spiaggia, beach

se avrò, if I have, if I'll have

Andrà in Italia?
Sì, se avrò soldi,
    andrò in Italia.

Andrà alla spiaggia?
Sì, se avrò un'automo-
    bile, andrò alla
    spiaggia.

Se avrò tempo, nuoterò.
Se avrò tempo, andrò alla spiaggia.

avremo, we'll have
avranno, they'll have

andremo, we'll go
andranno, they'll go

Se avremo soldi, andremo in Italia.
Se avranno soldi, andranno in Italia.
Se avremo un'automobile, andremo alla spiaggia.
Se avranno un'automobile, andranno alla spiaggia.

Andranno in Italia Maria e Roberto?
Will Mary and Robert go to Italy?

Andranno in Italia, se avranno tempo?
Will they go to Italy, if they (will) have time?

197

se sarà bel tempo, if it's (will be) nice weather
se sarà brutto tempo, if it's (will be) bad weather

sarò, I'll be	**uscirò,** I'll go out
contento, happy	**starò,** I'll be, I'll stay
triste, sad	**a casa,** at home

Se sarà bel tempo, sarò contento (contenta).

Se sarà brutto tempo, sarò triste.

Se sarà bel tempo, uscirò.
Se sarà brutto tempo, starò a casa.

saremo, we'll be	**usciremo,** we'll go out
saranno, they'll be	**usciranno,** they'll go out

Se sarà bel tempo, saremo contenti (contente).
Se sarà brutto tempo, saremo tristi.
Se sarà bel tempo, usciremo.
Se sarà brutto tempo, non usciranno.
Se sarà bel tempo, saranno contenti (contente).

Sarà contento, se sarà bel tempo?
Will you be happy, if it is (will be) nice weather?
Usciranno?
Will they go out? Are they going out?

quando partirà? when are you leaving? (will you leave?)
quando finirà? when will you finish?

partirò, I'll leave   **domani,** tomorrow
finirò, I'll finish   **sabato,** on Saturday

Quando finirà il libro?   Quando finirà la
Finirò il libro domani.   lettera?
                               Finirò la lettera
                                    domani.

Quando partirà? Partirò sabato.
Quando partirà Roberto? Roberto partirà domani.

Quando verrà? *When are you coming?*
Verrò sabato. *I'll come on Saturday.*
Quando vedrà Roberto? *When will you see Robert?*
Vedrò Roberto sabato. *I'll see Robert on Saturday.*
Quando potrà andare? *When can you go?*
Potrò andare domani. *I'll be able to go tomorrow.*
Quando dovrà partire? *When do you have to leave?*
Dovrò partire presto. *I'll have to leave soon.*

verrò, I'll come   **verrà,** you, he, she, will come
vedrò, I'll see   **vedrà,** you, he, she, will see
dovrò, I'll have to   **dovrà,** you, he, she, will have to
potrò, I'll be able to   **potrà,** you, he, she, will be able to

List of words in the composition on the next page.

UNA GITA AL MARE

una gita al mare, a trip to the seashore
è venuta l'estate, summer is here, summer has come
domenica, Sunday
per la prima volta, for the first time
andrò al mare, I'll go to the seashore
con alcuni amici, with some friends
ci sono, there are
molte spiaggie belle, many beautiful beaches
vicino a, close to
partiremo presto, we'll leave early
andremo, we'll go
sulla spiaggia, on the beach
mi metterò, I'll put on
il costume da bagno, the swimming suit
anche, also
per camminare, to walk
sulla sabbia, on the sand
la cuffia, the swimming cap
quando nuoterò, when I'll swim
ho preparato pollo, I prepared chicken
compreremo, we'll buy
prenderò il sole, I'll take a sun bath
tornerò a casa, I'll go back home
abbronzato, sun burned
mi piace, I like
nuotare, to swim
spero, I hope
stanco, tired
ma contento, but happy

UNA GITA AL MARE

Una bella spiaggia

È venuta l'estate. Domenica per la prima volta andrò al mare con alcuni amici. Ci sono molte spiaggie belle vicino a Roma.

Partiremo presto e andremo in automobile. Sulla spiaggia mi metterò il costume da bagno Mi metterò anche i sandali per camminare sulla spiaggia, e la cuffia   quando nuoterò.

Per il pic-nic ho preparato pollo,

formaggio, prosciutto, una insalata e sandwiches.

Compreremo frutta e gelato   sulla

spiaggia.

Sulla spiaggia prenderò il sole e tornerò a

casa abbronzato (abbronzata).

Mi piace nuotare e spero di nuotare molto do-

menica. Tornerò a casa stanco (stanca), ma con-

tento (contenta).

È aperto. It's open.
È chiuso. It's closed.
Sa? Do you know?
Non so. I don't know.
È rotto. It's broken. It's torn.
Auguri. Best wishes. Good Luck.
Davvero. Really.
Dopo. After, afterward.
Prima. Before, first.
Prima di pranzo. Before dinner.
Basta. That's enough.
Abbastanza. Enough.
A destra. To the right.
A sinistra. To the left.
A diritto. Straight ahead.
Davanti. In front of.
Dietro. Behind.
Più. More. Plus.
Meno. Less. Minus.
Più o meno. More or less.
Vicino. Near. Close to.
Lontano. Far.
Perchè. Because. Why?
Perciò. Therefore. So.
Mentre. While.
Nonostante. Notwithstanding.
Su. Up.
Giù. Down.
Presto. Soon, early.
Tardi. Late.

prendevo, I used to take
giocavo, I used to play
guidavo, I used to drive

andavo, I used to go
ogni giorno, every day
la spiaggia, the beach

Prendevo un taxi ogni
giorno.

Giocavo a golf ogni
giorno.

Andavo alla spiaggia
ogni giorno.

Guidavo l'automobile.

andavo, I used to go
andava, he, she, it used
  to go
andavamo, we used to go
andavano, they used to go

Andavo al club.
Roberto andava in
  Europa.
Andavamo alla spiaggia.
Andavano in Italia.

Andavano spesso in Italia?
Did they use to go to Italy often?
Andava spesso alla spiaggia?
Did you use to go to the beach often?

volevo, I wanted
andare, to go

giocare, to play
comprare, to buy

Volevo giocare a carte.

Volevo andare al
cinema.

Volevo comprare una
poltrona.

Volevo comprare un
divano.

volevo, I wanted
voleva, he, she wanted
volevamo, we wanted
volevano, they wanted

Volevo andare in Italia.
Roberto voleva un caffè.
Volevamo un sandwich.
Volevano spaghetti.

Voleva andare al teatro?
Did you want to go to the theatre?
Voleva comprare un divano?
Did you want to buy a sofa?
Volevano andare al cinema?
Did they want to go to the movies?

quando ero un ragazzo, when I was a boy
andavo a cavallo, I used to ride horseback
passavo le vacanze, I used to spend my vacations
si divertiva? did you (use to) have fun? (a good time)
mi divertivo, I used to have fun (a good time)
sempre, always   **molto,** very much

Quando ero un ragazzo
   (una ragazza) passavo le vacanze
   in Italia.
Si divertiva?
Sì, mi divertivo sempre.

Quando ero un ragazzo (una ragazza)
   andavo a cavallo.
Si divertiva?
Sì, mi divertivo molto.

Quando ero un ragazzo (una ragazza)
   andavo in bicicletta.
Si divertiva?
Sì, mi divertivo molto.

che cosa ha detto? what did he (she) say?
ha detto che, he (she) said that
aveva, he, she had
parlava, he, she talked
era, it was

giocava, he, she played
andava, he, she was going
interessante, interesting

Che cosa ha detto?
Ha detto che aveva i
   biglietti per il teatro.

Che cosa ha detto?
Ha detto che aveva
   una barca a vela.

Che cosa ha detto?
Ha detto che aveva un'automobile.
Ha detto che parlava italiano.
Ha detto che giocava a golf.
Ha detto che andava in Italia.
Ha detto che andava a Roma.
Ha detto che era interessante.
Ha detto che il film era interessante.
Ha detto che la commedia era bella.
He (she) said that the play was good.
Abbiamo detto che andavamo in Italia.
We said that we were going to Italy.
Hanno detto che andavano a Roma.
They said that they were going to Rome.

FIRENZE

Firenze, Florence
quando ero ragazzo, when I was a boy
passavo tutte le vacanze, I used to spend all my
    vacations
la primavera era, spring was
sempre bellissima, always most beautiful
c'era, there was
una atmosfera deliziosa, a delightful atmosphere
c'erano fiori, there were flowers
dovunque, everywhere
passavo tutti i giorni, I used to spend every day
con i miei amici, with my friends
andavamo a cavallo, we rode horseback, we used to
    ride horseback
giocavamo a tennis, we used to play tennis
nuotavamo, we swam, we used to swim
la sera, the night, at night
andavamo, we went, we used to go
davano sempre, they always gave, used to give
buonissime commedie, very good plays
spesso andavo, often I went
i musei, the museums
mio padre, my father
mi parlava, used to talk to me
delle glorie passate, of the past glories
degli artisti, of the artists
dei fiorentini famosi, of famous Florentines
preparava dolci, used to prepare (make) candy
a prendere il gelato, to have ice cream
o, or
il cocomero, the watermelon

FIRENZE

Quando ero un ragazzo passavo tutte le vacanze a Firenze. La primavera a Firenze era sempre bellissima. C'era un'atmosfera deliziosa e c'erano fiori dovunque. Passavo tutti i giorni con i miei amici. Andavamo a cavallo, giocavamo

Andavamo a cavallo

a tennis, andavamo in bicicletta e nuotavamo.

Nuotavamo

La sera andavamo al teatro o a un concerto.

Andavamo al teatro

Davano sempre buonissime commedie durante la primavera. Spesso andavo a visitare i musei, e mio padre mi parlava sempre delle glorie passate, degli artisti, e dei fiorentini famosi. La mamma preparava dolci deliziosi e spesso andavamo in Piazza Signoria a prendere il gelato o il coco-mero.

Gelato　　　　　　　　**Il cocomero**

EVERYDAY EXPRESSIONS

Ho paura. I'm frightened. I'm afraid.
Ho guai. I have troubles.
Ho molti guai. I have a lot of trouble.
Ho fretta. I'm in a hurry.
È stupendo. It's terrific. (It's stupendous.)
È meraviglioso. It's marvelous.
È magnifico. It's magnificent.
È fantastico. It's fantastic.
È orribile. It's horrible.
È tremendo. It's horrible. It's awful.
Un altro. Another (masculine).
Un'altra. Another (feminine).
Aiuto! Help!
Cosa è successo? What happened?
Niente. Nothing.
Un disastro. A disaster. A mess.
Una mancia. A tip.
La ringrazio. I thank you. Thank you.
Voglio presentarle . . . I want you to meet . . . (I want to present to you.)
Come si chiama? What is your name?
Come si dice . . .? How do you say . . .?
Un poliziotto. A policeman.
Un passaporto. A passport.
Documenti. Identification papers.
Patente. Driver's licence.
Il giardino zoologico. The zoo.

dove è? where is?
il suo, your (masculine)

sulla tavola, on the table
sulla sedia, on the chair
impermeabile, raincoat

Dove è il mio orologio?
Il suo orologio è sulla tavola.

Dove è il mio cappello?
Il suo cappello è sulla sedia.

Dove è il mio impermeabile?
Il suo impermeabile è sulla sedia.

Dove è il mio ombrello?
Il suo ombrello è sulla sedia.

Notice that in Italian you do not say "my hat", "my watch", but "the my hat", "the my watch", etc.
However the THE is not used before singular family names.
Examples:

mio padre, my father
mia madre, my mother

mio fratello, my brother
mia sorella, my sister

dove è? where is?
la mia, my (feminine)
la sua, your (feminine)

sulla tavola, on the table
in salotto, in the living
  room

**Dove è la mia chiave?
La sua chiave è sulla
  tavola.**

**Dove è la mia borsa?
La sua borsa è in
  salotto.**

**Dove è la mia sciarpa?
La sua sciarpa è in
  salotto.**

**Dove è la mia
  automobile?
La sua automobile è
  in garage.**

Remember that in Italian you don't say simply MY: you
must say THE MY.

i miei, (masc. pl.) my	le mie, (fem. pl.) my
i suoi, (masc. pl.) your, his, her	le sue, (fem. pl.) your, his, her
guanti, gloves	sulla tavola, on the table
occhiali, eyeglasses	in camera, in the bedroom

Dove sono i miei guanti?	Dove sono le mie scarpe?
I suoi guanti sono in camera.	Le sue scarpe sono in camera.

Dove sono i miei occhiali?
I suoi occhiali sono sulla tavola.

Venire, to come

vengo, I come	veniamo, we come
viene, you come, he, she comes	vengono, they come

Vengo alla festa con i miei fratelli.
I am coming to the party with my brothers.
Alberto viene alla festa con le mie sorelle.
Albert is coming to the party with my sisters.

Singular	Plural
il nostro, (masc.) our	i nostri, (masc.) our
la nostra, (fem.) our	le nostre, (fem.) our
il loro, (masc.) their	i loro, (masc.) their
la loro, (fem.) their	le loro, (fem.) their

GLI means "the" (plural). It is used before words that begin with a vowel, the letter Z, or the letter S when it is followed by a consonant.

gli aranci, the oranges

gli asparagi, the asparagus

gli spaghetti, the spaghetti

le piacciono? do you like? (them)

mi piacciono, I like (them)

che, who, whom, which, that

Le piacciono gli aranci?
Sì, mi piacciono gli aranci.

Le piacciono gli asparagi?
Sì, mi piacciono gli asparagi.

Le piacciono gli spaghetti?
Sì, mi piacciono gli spaghetti.
Le piacciono gli amici di Roberto?
Do you like Robert's friends?
Questi sono gli amici che mi hanno venduto la radio.
These are the friends who sold me the radio.
Maria e Roberto sono gli amici che ho veduto ieri.
Mary and Robert are the friends whom I saw yesterday.
Questo è il cappello che ho comprato ieri.
This is the hat that I bought yesterday.

APPENDIX

il ristorante, the restaurant
una trattoria, a small restaurant
gelateria, ice cream parlor
il cameriere, the waiter
la cameriera, the waitress
pasto, meal
la colazione, breakfast, lunch
il pranzo, dinner, supper
la cena, supper
la merenda, the snack
burro, butter
sale, salt
pepe, pepper
pane, bread
pane tostato, toast
panini, rolls
caffè, coffee
caffelatte, coffee with milk
marmellata, jam, preserves,
    marmalade
tovaglia, tablecloth
tovagliolo, napkin
olio, oil
aceto, vinegar
acqua, water
uova, eggs
uova affogate, poached eggs
uova in camicia, poached eggs,
    (eggs in shift)
uova al tegamino, fried eggs
uova strapazzate, scrambled
    eggs
frittata, omelet

uova à la coque, soft boiled eggs
uova sode, boiled eggs
sugo d'arancio, orange juice
sugo di pomodoro, tomato juice
sugo d'ananas, pineapple juice
bacon, bacon
pancetta, bacon
prosciutto, ham
miele, honey
minestra, soup
pasta, any kind of noodles
spaghetti, spaghetti
sandwich, sandwich
insalata, salad
carne, meat
pesce, fish
bistecca, beefsteak
pollo, chicken
arrosto, roast
pollo arrosto, roast chicken
vitello arrosto, roast veal
arrosto di maiale, roast pork
arrosto di agnello, roast lamb
roastbeef, roastbeef
arrosto di manzo, roastbeef
stufato, stew
scaloppine, cutlets
cotolette, cutlets, chops
spinaci, spinach
piselli, peas
fagioli, beans
fagiolini, string beans
carote, carrots

sedano, celery
patate, potatoes
pureè di patate, mashed
    potatoes
patate fritte, French fried
    potatoes
asparagi, asparagus
carciofi, artichokes
cavolfiore, cauliflower
lattuga, lettuce
pomodori, tomatoes
cipolle, onions
aglio, garlic
gamberi, shrimps
frutti di mare, sea food
dolce, dessert, cake
torta, pie
gelato, ice cream
biscotti, cookies
caramelle, candy
tè, tea

cioccolata, chocolate
frutta, fruit
macedonia, fruit cup
mela, apple
pera, pear
arancio, orange
mandarino, tangerine
pesca, peach
albicocca, apricot
banana, banana
cigliege, cherries
fragole, strawberries
lamponi, raspberries
susine, plums
ananas, pineapple
limone, lemon
spremuta di limone, fresh
    lemonade
spremuta di arancio, fresh
    orangeade

II NELL'ALBERGO (IN THE HOTEL)

portiere, doorman, desk clerk
facchino, porter
cameriera, maid
cameriere, waiter
lavanderia, laundry
la chiave, the key
la posta, the mail
l'ambasciata, the message
il bagaglio, the baggage
la valigia, the suitcase
il baule, the trunk
la cartella, the briefcase

la stanza, the room
una stanza a un letto,
    a single room
una stanza a due letti,
    a double room
una camera, a room
una camera a un letto,
    a single room
una camera a due letti,
    a double room
una camera matrimoniale,
    a double room

una camera con bagno,
a room with bath
una camera sul davanti,
an outside room
la camera da pranzo,
the dining room
la cassa, the cashier
pronto, hello (for phone only)
sapone, soap
sapone, per piacere,
soap, please
asciugamani, towels
asciugamani, per piacere,
towels, please
coperta, blanket
un'altra coperta, per piacere,
another blanket, please
cuscino, pillow
l'ascensore, the elevator
il ragazzo, the bell boy

III NEGOZI (IN THE STORES AND SHOPS)

il fornaio, the bakery
il droghiere, the grocery store
il pizzicagnolo, the delicatessen
il lattaio, the dairy
il mercato, the market
il macellaio, the butcher shop
la farmacia, the pharmacy,
the drug store
il negozio, the store
il sarto, the tailor
la sarta, the seamstress

il calzolaio, the shoe shop
il barbiere, the barber shop
il parrucchiere, the hairdresser
casalinghi, the hardware store
il cartolaio, the stationery store
il tabaccaio, the cigar store,
tobacconist
la libreria, the bookstore
il tintore, the cleaner
la lavanderia, the laundry

IV NUMERI (THE NUMBERS)

0 zero
1 uno
2 due
3 tre
4 quattro
5 cinque
6 sei
7 sette
8 otto
9 nove

10 dieci
11 undici
12 dodici
13 tredici
14 quattordici
15 quindici
16 sedici
17 diciassette
18 diciotto
19 diciannove

20 venti	91 novantuno, etc.
21 ventuno	100 cento
22 ventidue	101 centouno
23 ventitrè	102 centodue
24 ventiquattro	103 centotrè
25 venticinque	104 centoquattro
26 ventisei	150 centocinquanta
27 ventisette	175 centosettanta-cinque
28 ventotto	200 duecento
29 ventinove	300 trecento
30 trenta	400 quattrocento
31 trentuno	500 cinquecento
32 trentadue, etc.	600 seicento
40 quaranta	700 settecento
41 quarantuno	800 ottocento
42 quarantadue, etc.	900 novecento
50 cinquanta	1.000 mille
51 cinquantuno, etc.	1.300 milletrecento
60 sessanta	2.000 duemila
61 sessantuno, etc.	3.000 tremila, etc.
70 settanta	50.000 cinquantamila
71 settantuno, etc.	1.000.000 un milione
80 ottanta	$2.000.000 due milioni di dollari
81 ottantuno, etc.	£2.000.000 due milioni di lire
90 novanta	

V I COMPONENTI LA FAMIGLIA
(THE MEMBERS OF THE FAMILY)

mio nonno, my grandfather

mia nonna, my grandmother

mio cugino, my cousin (man)

mia cugina, my cousin (woman)

mio suocero, my father-in-law

mia suocera, my mother-in-law

mio zio, my uncle

mia zia, my aunt

mio cognato, my brother-in-law

mio genero, my son-in-law

mio nipote, my nephew

mio nipote, my grandson

mio padre, my father

mio figlio, my son

mio marito, my husband

mio fratello, my brother

i miei genitori, my parents

i miei parenti, my relatives

mia cognata, my sister-in-law

mia nuora, my daughter-in-law

mia nipote, my niece

mia nipote, my granddaughter

mia madre, my mother

mia figlia, my daughter

mia moglie, my wife

mia sorella, my sister

la famiglia, the family

VI I COLORI (THE COLORS)

bianco, white

nero, black

giallo, yellow

rosso, red

blu, blue

azzurro, blue

verde, green

marrone, brown

grigio, grey

viola, purple

rosa, pink

scozzese, plaid

VII I GIORNI DELLA SETTIMANA
(THE DAYS OF THE WEEK)

domenica, Sunday, on Sunday

lunedì, Monday, on Monday

martedì, Tuesday, on Tuesday

mercoledì, Wednesday, on
Wednesday

giovedì, Thursday, on Thursday

venerdì, Friday, on Friday

sabato, Saturday, on Saturday

Vado a una festa sabato,
I'm going to a party on Saturday.

VIII   I MESI DELL'ANNO
(THE MONTHS OF THE YEAR)

gennaio, January

febbraio, February

marzo, March

aprile, April

maggio, May

giugno, June

luglio, July

agosto, August

settembre, September

ottobre, October

novembre, November

dicembre, December

IX   LE STAGIONI (THE SEASONS)

inverno, winter

primavera, spring

estate, summer

autunno, fall

X   PARTI DEL CORPO UMANO
(PARTS OF THE BODY)

la testa, the head

la faccia, the face

il naso, the nose

gli occhi, the eyes

gli orecchi, the ears

la bocca, the mouth

il mento, the chin

le guancie, the cheeks

la fronte, the forehead

le ciglia, the eyelashes

le sopracciglia, the eyebrows

le palpebre, the eyelids.

i denti, the teeth

la lingua, the tongue

i capelli, the hair

i baffi, the moustache

la barba, the beard

il collo, the neck

la gola, the throat

le spalle, the shoulders

le braccia, the arms

i gomiti, the elbows

il polso, the wrist

la mano, the hand

le mani, the hands

il dito, the finger

le dita, the fingers

le unghie, the fingernails

la schiena, the back

lo stomaco, the stomach

il petto, the chest, the bosom

la vita, the waist

i fianchi, the hips

le gambe, the legs

il ginocchio, the knee

le ginocchia, the knees

la caviglia, the ankle

i piedi, the feet

le dita dei piedi, the toes

VERB CONJUGATIONS
AND
PRONOUNS

●

REGULAR VERBS ENDING IN "ARE"

Example: Cantare, to sing

PRESENT		EXAMPLE

Remove ARE and add:

O	IAMO
A	ANO

Canto, I sing
Canta, you sing, he sings,
    she sings, it sings
Cantiamo, we sing
Cantano, they sing

PAST		EXAMPLE

HO–ATO	ABBIAMO–ATO
HA–ATO	HANNO–ATO

Ho cantato, I sang
Ha cantato, you sang, he sang,
    she sang, it sang
Abbiamo cantato, we sang
Hanno cantato, they sang
The above verb also means "I
have sung, you have sung", etc.

FUTURE

Remove ARE and add:

ERÒ	EREMO
ERÀ	ERANNO

EXAMPLE

Canterò, I'll sing
Canterà, you'll sing, he'll sing,
    she'll sing, it'll sing
Canteremo, we'll sing
Canteranno, they'll sing

IMPERFECT

Remove ARE and add:

AVO	AVAMO
AVA	AVANO

EXAMPLE

Cantavo, I used to sing
Cantava, you used to sing,
    he used to sing,
    she, it used to sing
Cantavamo, we used to sing
Cantavano, they used to sing

CONDITIONAL

Remove ARE and add:

EREI	EREMMO
EREBBE	EREBBERO

EXAMPLE

Canterei, I would sing
Canterebbe, you would sing, he
    would sing, she, it
    would sing
Canteremmo, we would sing
Canterebbero, they would sing

PRESENT PROGRESSIVE

STO—ANDO	STIAMO—ANDO
STA—ANDO	STANNO—ANDO

EXAMPLE

Sto cantando, I am singing
Sta cantando, you are singing,
    he, she, it is
    singing
Stiamo cantando, we are
    singing
Stanno cantando, they are
    singing

PAST PROGRESSIVE

STAVO–ANDO	STAVAMO–ANDO
STAVA–ANDO	STAVANO–ANDO

EXAMPLE

Stavo cantando, I was singing
Stava cantando, you were
singing,
he, she, it was
singing
Stavamo cantando, we were
singing
Stavano cantando, they were
singing

PRESENT SUBJUNCTIVE

Remove ARE and add:

I	IAMO
I	INO

EXAMPLE

Che canti, that I sing
Che canti, that you sing, that
he, she, it sing
Che cantiamo, that we sing
Che cantino, that they sing

IMPERFECT SUBJUNCTIVE

Remove ARE and add:

ASSI	ASSIMO
ASSE	ASSERO

EXAMPLE

Che cantassi, that I would sing
Che cantasse, that you would
sing, that he,
she, it would sing
Che cantassimo, that we would
sing
Che cantassero, that they
would sing

COMMAND

Remove ARE and add:

	IAMO
I	INO

EXAMPLE

Canti, sing
Cantiamo, let's sing
Cantino, sing (pl.)

abitare, to live
affittare, to rent
aiutare, to help
ammazzare, to kill
arrivare, to arrive
ascoltare, to listen
aspettare, to wait
baciare, to kiss
ballare, to dance
cambiare, to change
camminare, to walk
cantare, to sing
cercare, to look for
chiamare, to call
cominciare, to begin
comprare, to buy
cucinare, to cook
dare, to give
dimenticare, to forget
domandare, to ask
esportare, to export
firmare, to sign
giocare, to play (a game)
gridare, to scream
guadagnare, to earn
guardare, to look
guidare, to drive
imparare, to learn
importare, to import
insegnare, to teach
invitare, to invite

lasciare, to leave
lavare, to wash
lavorare, to work
lodare, to commend, to praise
mandare, to send
mangiare, to eat
migliorare, to improve
mostrare, to show
nuotare, to swim
occupare, to occupy
parlare, to speak
passare, to pass
pensare, to think
portare, to carry, to bring,
to take
preparare, to prepare
presentare, to introduce
provare, to try
ricordare, to remember
ringraziare, to thank
salutare, to greet
sbagliare, to make a mistake
scusare, to excuse
sembrare, to seem
sperare, to hope
stirare, to press
studiare, to study
suonare, to play (an
instrument)
trovare, to find
viaggiare, to travel
visitare, to visit

REGULAR VERBS ENDING IN "ERE"

Example: **Vendere**, to sell

PRESENT

Remove ERE and add:

O	IAMO
E	ONO

EXAMPLE

Vendo, I sell
Vende, you sell, he sells, she
      sells, it sells
Vendiamo, we sell
Vendono, they sell

PAST

HO—UTO	ABBIAMO—UTO
HA—UTO	HANNO—UTO

EXAMPLE

Ho venduto, I sold
Ha venduto, you sold, he sold,
      she sold, it sold
Abbiamo venduto, we sold
Hanno venduto, they sold
This verb in this tense also
means "I have sold, you have
sold," etc.

FUTURE

Remove ERE and add:

ERÒ	EREMO
ERÀ	ERANNO

EXAMPLE

Venderò, I'll sell
Venderà, you'll sell, he'll sell,
      she'll sell, it'll sell
Venderemo, we'll sell
Venderanno, they'll sell

IMPERFECT

Remove ERE and add:

EVO	EVAMO
EVA	EVANO

EXAMPLE

Vendevo, I used to sell
Vendeva, you used to sell,
      he, she, it used to sell
Vendevamo, we used to sell
Vendevano, they used to sell

CONDITIONAL		EXAMPLE

CONDITIONAL
Remove ERE and add:

EREI	EREMMO
EREBBE	EREBBERO

EXAMPLE
Venderei, I would sell
Venderebbe, you would sell, he, she, it would sell
Venderemmo, we would sell
Venderebbero, they would sell

PRESENT PROGRESSIVE

STO—ENDO	STIAMO—ENDO
STA—ENDO	STANNO—ENDO

EXAMPLE
Sto vendendo, I am selling
Sta vendendo, you are selling, he, she, it is selling
Stiamo vendendo, we are selling
Stanno vendendo, they are selling

PAST PROGRESSIVE

STAVO—ENDO	STAVAMO—ENDO
STAVA—ENDO	STAVANO—ENDO

EXAMPLE
Stavo vendendo, I was selling
Stava vendendo, you were selling, he, she, it was selling
Stavamo vendendo, we were selling
Stavano vendendo, they were selling

PRESENT SUBJUNCTIVE
Remove ERE and add:

A	IAMO
A	ANO

EXAMPLE
Che venda, that I sell
Che venda, that you sell, that he sell, that she sell, that it sell
Che vendiamo, that we sell
Che vendano, that they sell

IMPERFECT SUBJUNCTIVE
Remove ERE and add:

ESSI	ESSIMO
ESSE	ESSERO

EXAMPLE
Che vendessi, that I would sell
Che vendesse, that you would sell, that he, she, it would sell
Che vendessimo, that we would sell
Che vendessero, that they would sell

COMMAND
Remove ERE and add:

	IAMO
A	ANO

EXAMPLE
Venda, sell
Vendiamo, let's sell
Vendano, sell (pl.)

LIST OF REGULAR VERBS ENDING IN "ERE"

conoscere, to know
credere, to believe, to think
godere, to enjoy

ricevere, to receive
vendere, to sell

LIST OF VERBS ENDING IN "ERE" WITH IRREGULAR PAST OR IRREGULAR PRESENT

accendere, to put on (a light)
ammettere, to grant
appartenere, to belong
 appartengo, I belong
chiudere, to close
correre, to run
decidere, to decide
discutere, to discuss
dividere, to divide
dovere, to have to
 devo, I have to, I must

ho acceso, I put on (past)
ho ammesso, I granted

ho chiuso, I closed
ho corso, I ran
ho deciso, I decided
ho discusso, I discussed
ho diviso, I divided

esprimere, to express	ho espresso, I expressed
leggere, to read	ho letto, I read (past)
mettere, to put	ho messo, I put (past)
muovere, to move	ho mosso, I moved
nascere, to be born	sono nato, I was born
nascondere, to hide	ho nascosto, I hid
ottenere, to obtain	
ottengo, I obtain	
perdere, to loose	ho perso, I lost
piangere, to cry	ho pianto, I cried
potere, to be able	
posso, I am able	
I can	
prendere, to take	ho preso, I took
promettere, to promise	ho promesso, I promised
ridere, to laugh	ho riso, I laughed
rompere, to break	ho rotto, I broke
scrivere, to write	ho scritto, I wrote
sapere, to know	
so, I know	
scegliere, to choose	
scelgo, I choose	ho scelto, I chose
scendere, to go down	sono sceso, I went down
smettere, to stop	ho smesso, I stopped
spendere, to spend	ho speso, I spent
spengere, to put out (light)	ho spento, I put out (light)
tenere, to hold	
tengo, I hold	
tradurre, to translate	
traduco, I translate	ho tradotto, I translated
volere, to want	
voglio, I want	
vincere, to win	ho vinto, I won
vivere, to live	ho vissuto, I lived

LIST OF VERBS ENDING IN "ARE", "ERE" AND "IRE"
WITH AN IRREGULAR FUTURE

andare, to go   andrò, I'll go
avere, to have   avrò, I'll have
essere, to be   sarò, I'll be
potere, to be able   potrò, I'll be able
sapere, to know   saprò, I'll know
volere, to want   vorrò, I'll want
venire, to come   verrò, I'll come

REGULAR VERBS ENDING IN "IRE"
Example: Dormire, to sleep

PRESENT

Remove IRE and add:

O	IAMO
E	ONO

EXAMPLE

Dormo, I sleep
Dorme, you sleep, he sleeps, she sleeps, it sleeps
Dormiamo, we sleep
Dormono, they sleep

PAST

HO–ITO	ABBIAMO–ITO
HA–ITO	HANNO–ITO

EXAMPLE

Ho dormito, I slept
Ha dormito, you slept, he slept, she slept, it slept
Abbiamo dormito, we slept
Hanno dormito, they slept
This verb in this tense also means "I have slept, you have slept," etc.

FUTURE

Remove IRE and add:

IRÒ	IREMO
IRÀ	IRANNO

EXAMPLE

Dormirò, I'll sleep
Dormirà, you'll sleep, he'll sleep she'll sleep, it'll sleep
Dormiremo, we'll sleep
Dormiranno, they'll sleep

IMPERFECT		EXAMPLE

IMPERFECT

Remove IRE and add:

IVO	IVAMO
IVA	IVANO

EXAMPLE

Dormivo, I used to sleep
Dormiva, you used to sleep,
    he used to sleep,
      she, it used to sleep
Dormivamo, we used to sleep
Dormivano, they used to sleep

CONDITIONAL

Remove IRE and add:

IREI	IREMMO
IREBBE	IREBBERO

EXAMPLE

Dormirei, I would sleep
Dormirebbe, you would sleep,
    he would sleep,
      she, it would sleep
Dormiremmo, we would sleep
Dormirebbero, they would sleep

PRESENT PROGRESSIVE

STO–ENDO	STIAMO–ENDO
STA–ENDO	STANNO–ENDO

EXAMPLE

Sto dormendo, I'm sleeping
Sta dormendo, you are sleeping,
    he is sleeping,
      she, it is sleeping
Stiamo dormendo, we are
    sleeping
Stanno dormendo, they are
    sleeping

PAST PROGRESSIVE

STAVO–ENDO	STAVAMO–ENDO
STAVA–ENDO	STAVANO–ENDO

EXAMPLE

Stavo dormendo, I was sleeping
Stava dormendo, you were
    sleeping, he,
    she, it was
    sleeping
Stavamo dormendo, we were
    sleeping
Stavano dormendo, they were
    sleeping

PRESENT SUBJUNCTIVE

Remove IRE and add:

A	IAMO
A	ANO

EXAMPLE

Che dorma, that I sleep
Che dorma, that you sleep,
    that he, she,
    it sleep
Che dormiamo, that we sleep
Che dormano, that they sleep

IMPERFECT SUBJUNCTIVE

Remove IRE and add:

ISSI	ISSIMO
ISSE	ISSERO

EXAMPLE

Che dormissi, that I would sleep
Che dormisse, that you would
    sleep, that he,
    she, it would
    sleep
Che dormissimo, that we would
    sleep
Che dormissero, that they
    would sleep.

COMMAND

Remove IRE and add:

	IAMO
A	ANO

EXAMPLE

Dorma, sleep
Dormiamo, let's sleep
Dormano, sleep (pl.)

LIST OF REGULAR VERBS ENDING IN "IRE"

divertire, to amuse
dormire, to sleep
cucire, to sew

fuggire, to run away
sentire, to hear, to feel

LIST OF VERBS ENDING IN "IRE" WITH IRREGULAR PRESENT OR IRREGULAR PAST

aprire, to open		ho aperto, I opened
arrossire, to blush	arrossisco, I blush	
capire, to understand	capisco, I understand	
coprire, to cover		ho coperto, I covered
dire, to say	dico, I say	ho detto, I said
finire, to finish	finisco, I finish	
morire, to die	muore, he dies	è morto, he died
riuscire, to succeed	riesco, I succeed	
preferire, to prefer	preferisco, I prefer	
offrire, to offer		ho offerto, I offered
proibire, to forbid	proibisco, I forbid	
salire, to go up	salgo, I go up	
svenire, to faint	svengo, I faint	sono svenuto, I fainted
ubbidire, to obey	ubbidisco, I obey	
venire, to come	vengo, I come	
uscire, to go out	esco, I go out	sono uscito, I went out

REFLEXIVE VERBS

Place the following pronouns before the verbs below.

myself	MI	CI	ourselves
yourself, himself, herself	SI	SI	themselves

EXAMPLE

I wash myself	MI LAVO	CI LAVIAMO	we wash ourselves
you wash yourself	SI LAVA	SI LAVANO	they wash themselves

Form the past tense of the verbs below with the verbs in the following chart.

I am	SONO	SIAMO	we are
you are		È	SONO	they are

EXAMPLE
Masculine Form

I washed myself	MI SONO LAVATO	CI SIAMO LAVATI	we washed ourselves
you washed yourself	SI È LAVATO	SI SONO LAVATI	they washed themselves

Feminine Form

MI SONO LAVATA	CI SIAMO LAVATE
SI È LAVATA	SI SONO LAVATE

addormentarsi, to fall asleep
alzarsi, to get up
ammalarsi, to get sick
asciugarsi, to dry yourself
avvicinarsi, to get near
bruciarsi, to get burned
coricarsi, to go to bed
dimagrarsi, to get thin
ferirsi, to get wounded
ingrassarsi, to get fat
lavarsi, to wash yourself
mettersi, to put on, to wear

pesarsi, to weigh yourself
pettinarsi, to comb yourself
prepararsi, to get ready
radersi, to shave
raffreddarsi, to get a cold
riposarsi, to rest
sedersi, to sit down
spogliarsi, to undress
sposarsi, to get married
stancarsi, to get tired
tagliarsi, to cut yourself
vestirsi, to dress, to get dressed

PRONOUNS

SUBJECT PRONOUNS

I	IO	NOI	we
you	LEI	LORO	they
he	EGLI		
she	ELLA		

REFLEXIVE PRONOUNS

myself	MI	CI	ourselves
yourself	SI	SI	themselves
himself			
herself			

DIRECT OBJECT PRONOUNS

me	MI	CI	us
him	LO	LI	them (masculine)
her	LA	LE	them (feminine)

INDIRECT OBJECT PRONOUNS

to me	MI	CI	to us
to you	LE	GLI	to them
to him	GLI		
to her	LE		

DIRECT AND INDIRECT OBJECT PRONOUNS COMBINED

it to me	ME LO	CE LO	it to us
it to you,	GLIELO	GLIELO	it to them
it to him,			
it to her			

A

abbastanza, enough
abbiamo, we have
abitare, to live in, to inhabit
abbronzata, f. sunburned
abbronzato, m. sunburned
accendere, to light
acceso, lit
accomodarsi, to come in,
     to sit down
  si accomodi, come in, sit down
acqua, f. water
adesso, now
addormentarsi, to fall asleep
aeroplano, m. plane
aeroporto, m. airport
affittare, to rent
agenzia di turismo,
     f. tourist office
agosto, m. August
aiuto! help!
al, m. to the
albergo, m. hotel
alcuni, m. pl. some
all', m.f. to the
alla, f. to the
alle, pl. f. to the
altra, f. other
altro, m. other
alzarsi, to get up
ammesso, granted
  ho ammesso, I granted
ammettere, to grant

amici, m. friends
amico, m. friend
ammazzare, to kill
anche, also
andato, gone
  sono andato, I went
  è andato, you, he, she went
          did you, he, she go?
andare, to go
andiamo, we go, we are going,
     let's go
andrà, you, he, she will go
andrò, I will go
animale, m. animal
anni, m. years
anno, m. year
aperto, open
appartamento, m. apartment
appartenere, to belong
appartengo, I belong
appuntamento,
     m. appointment, date
appunto, just so
aprile, m. April
aprire, to open
  apro, I open
  apre, you open, he, she opens
arancio, m. orange
arrivato, arrived
arrivare, to arrive,
     to get there
arrivederci, good bye,
     see you again

arrossisco, I blush
arrossire, to blush
arrosto, m. roast
articolo, m. article
artisti, m. artists
asciugarsi, to dry yourself
ascoltare, to listen
aspettare, to wait
assegno, m. check
atmosfera, f. atmosphere
auguri, wishes, good luck
autobus, m. bus
automobile, f. car, automobile
autunno, m. fall
avere, to have
   avrà, you, he, she, it will have
   avrò, I will have
   avremo, we will have
   avranno, they will have
   avuto, had
   ho avuto, I had
avvicinarsi, to get near

B

baciare, to kiss
ballare, to dance
balletto, m. ballet
ballo, m. dance
bambina, f. baby girl
bambino, m. baby boy
banana, f. banana
banca, f. bank
barbiere, m. barber
barca, f. boat
barca a vela, f. sail boat

basta, that's enough
baule, m. trunk
bauli, m. trunks
bel, m. pretty, lovely
bella, f. pretty, lovely, beautiful
bellezza, f. beauty
bellissima, m. very (most)
   beautiful
bellissimo, m. very (most)
   beautiful
bello, m. pretty, lovely
bene, well
benzina, f. gazoline
biblioteca, f. library
bicchiere, m. glass
   bicchiere d'acqua,
      m. glass of water
bicicletta, f. bicycle
biglietto, m. ticket
bisogno, m. need
   ho bisogno, I need
bistecca, f. beefsteak
blusa, f. blouse
borsa, f. pocket book
bottiglia, f. bottle
bottone, m. button
brutta, f. ugly
brutto, m. ugly
buffa, f. funny
buffo, m. funny
buona, f. good
buono, m. good
buongiorno, good morning,
   good afternoon
burro, m. butter
bruciarsi, to get burned

cadere, to fall

caffè, m. coffee

caldo, m. hot

cambiare, to change

camminare, to walk

camera, f. room

cameriere, m. waiter

camicia, f. shirt

campagna, f. country

calze, f. stockings

calzini, m. socks

canarino, m. canary

cane, m. dog

cantare, to sing

capire, to understand

capisco, I understand

cappello, m. hat

caraffa, f. pitcher

carciofo, m. artichoke

carne, f. meat

carota, f. carrot

carte, f. cards

   giocare a carte,
     to play cards

cartella, f. briefcase

cartolina, f. postcard

casa, f. house

cattiva, f. bad

cattivo, m. bad

cavallo, m. horse

cavolo, m. cabbage

c'è, there is, is there?

cena, f. dinner, supper

centro, m. center of town,
    downtown

cercare, to look for, to search

certamente, certainly, of course

certo, certainly, of course

che, what, that, whom, which

chi, who

   chi è? who is it?

chiamare, to call

   come si chiama?
     what is your name?
     what is its, his,
     her name?

chiesa, f. church

chitarra, f. guitar

chiuso, closed

ci, to us

ci, there

ci sono, there are

ciliege, f. cherries

cinema, m. movies

cinque, five

cintura, f. belt

cioccolata, f. chocolate

cipolle, f. onions

circo, m. circus

città, f. city

club, m. club

cocomero, m. watermelon

coltello, m. knife

come, how

commedia, f. comedy, play

cominciare, to begin, to start

compra, you buy, he, she buys
    do you buy?
    does he, she buy?

comprare, to buy

compro, I buy
ho comprato, I bought
ha comprato, you bought,
he, she bought
con, with
concerto, m. concert
conoscere, to know
contenta, f. happy
contento, m. happy
conto, m. check, bill
coperto, covered
ho coperto, I covered
coprire, to cover
coricarsi, to go to bed
correre, to run
ho corso, I ran
corse, f. races
cosa, f. thing
così, così, so so
costare, to cost
quanto costa? How much does
it cost?
costume da bagno,
m. swimming suit
cravatta, f. necktie
credere, to think, to believe
credo di sì, I think so
credo di no, I don't think so
cucchiaino, m. tea spoon
(little spoon)
cucchiaio, m. spoon
cucina, f. kitchen
cucinare, to cook
cucire, to sew
cuffia, f. swimming cap

d'accordo, I agree
danaro, m. money
dare, to give
davanti, in front
davvero, really
decidere, to decide
deciso, decided
ho deciso, I decided
del, m. of the
delizioso, m. delicious,
delightful
deliziosa, f. delicious,
delightful
della, f. of the
dentista, m. dentist
descritto, described
ho descritto, I described
descrivere, to describe
destra, f. right
a destra, to the right
detto, said
che cosa ha detto?
what did you say?
ha detto che, you, he,
she said that
deve, you must, he, she, it must
must you, he, she, it?
devo, I must
di, of
dicembre, m. december
dieci, ten
dietro, behind
dimagrarsi, to get thin
dimenticare, to forget

dipende, it depends
dire, to say
  come si dice?
    how do you say?
  cosa vuol dire?
    what does it mean?
dico, I say
disastro, m. disaster, mess
disco, m. record
dispiacersi, to be sorry
  mi dispiace, I am sorry
divano, m. sofa
diventare, to become
divertire, to amuse
divertirsi, to amuse yourself,
        to have a good time
dodici, twelve
dolce, m. cake, candy
domandare, to ask
domani, tomorrow
domenica, f. Sunday
donne, f. women
dopo, after
dormire, to sleep
dorme, you sleep, he, she sleeps
dormo, I sleep
dottore, m. doctor
dove, where
dovere, to have to
dovrà, he, she, it will have to
dovrò, I will have to
dovunque, all over, everywhere
due, two
durante, during

E

e, and
è, he, she, it is
  you are
  is he, she, it?
  are you?
elefante, m. elephant
elegante, m.f. elegant
eleganti, m.f. elegant (pl.)
empire, to fill
entrare, to enter
entrato, entered, gone in
  sono entrato, I went in
elicottero, m. helicopter
entusiasmo, m. enthusiasm
era, you were, he, she, it was
ero, I was
esco, I go out
esportare, to export
estate, f. summer

F

fa, ago
fa, you do, do you?
  he, she, it does, does he,
  she, it do?
  you make, do you make?
  he, she, it, makes, does he,
  she, it, make?
  che cosa fa? what do you do?
fabbrica, f. factory
facchino, m. porter
fagioli, m. beans
fagiolini, m. string beans
fame, f. hunger
  ho fame, I am hungry

fantastico, m. fantastic
   è fantastico, it's fantastic
farmacia, f. drugstore
fatto, made, done
   che cosa ha fatto?
      what did you do?
favore, m. favor
   per favore, please
febbraio, m. February
ferirsi, to get wounded
festa, f. party
famosa, f. famous
fiammifero, m. match
finestra, f. window
finire, to finish
finisco, I finish
fiore, m. flower
fiorentini, m. Florentines
firmare, to sign
fonografo, m. phonograph
fontana, f. fountain
forbici, f. scissors
forchetta, f. fork
formaggio, m. cheese
forno, m. oven
forse, perhaps
fortuna, f. fortune, luck
   per fortuna, fortunately
fragole, f. strawberries
freddo, m. cold
fresco, m. cool
fretta, f. hurry
   ho fretta, I am in a hurry
frigorifero, m. refrigerator
frutta, f. fruit

fuggire, to run away
fungo, m. mushroom

G

garage, m. garage
gatto, m. cat
gelato, m. ice cream
gennaio, m. January
gente, f. people
geranio, m. geranium
già, already
giacca, f. jacket
giardino, m. garden
giardino zoologico, m. zoo
giocare, to play (a game)
giornale, m. newspaper
giorno, m. day
   ogni giorno, every day
giovedì, m. Thursday
giù, down
giugno, m. June
gli, m. pl. the
   to him, to them
glorie, f. glories
godere, to enjoy
gonna, f. skirt
golf, m. golf
grande, m. f. big
grazie, thank you
gridare, to scream
guadagnare, to earn
guai, m. troubles
guanti, m. gloves
guardare, to look
guidare, to drive

H

ha, you have, he, she, it has
   do you, does he, she,
   it have?
hotel, m. hotel
ho, I have

I

i, m. pl. the
ieri, yesterday
il, m. the
illuminati, illuminated
imparare, to learn
importare, to import
importare, to matter
   non importa, it does not
      matter
   non m'importa, it does not
      matter to me
in, in
inglese, m.f. English
ingrassarsi, to get fat
insalata, f. salad
insegnare, to teach
interessante,
      m.f. interesting
inteso, agreed
invece, instead
inverno, m. winter
invitare, to invite

L

l', m.f. the
la, her, it (direct object)
la, f. the
lago, m. lake

lasciare, to leave (something)
latte, m. milk
lattuga, f. lettuce
lavare, to wash
lavarsi, to wash yourself
lavorare, to work
leggere, to read
le, f. pl. the
le, f. them (direct object)
le, to her
lei, you, she
leone, m. lion
lentamente, slowly
lettera, f. letter
letto, m. bed
letto, read (past participle)
   ho letto, I read
lezione, f. lesson
li, m. pl. them (direct object)
libreria, f. bookstore
libro, m. book
lista, f. list
lo, m. the
lo, m. it, him (direct object)
lodare, to commend, to praise
lontano, far
loro, they, them, to them
luglio, m. July
lunedì, m. Monday

M

macchina, f. machine,
      typewriter, car
madre, f. mother
maggio, m. May
magnifico, m. magnificent

è magnifico, it's magnificent
mai, never
mal di testa, m. headache
malata, f. sick, ill
malato, m. sick, ill
male, not well
mamma, f. mother
mangiare, to eat
mancia, f. tip
mandare, to send
mantello, m. coat
mantenere, to support
mare, m. seashore, sea
margherita, f. daisy
martedì, m. Tuesday
marzo, m. March
matita, f. pencil
me, me
meglio, better
mela, f. apple
meno, less, minus
mentre, while
menu, m. menu
meraviglioso, m. marvelous
    è meraviglioso, it's marvelous
mercato, m. market
mercoledì, m. Wednesday
mese, m. month
messo, put
    ho messo, I put
mettersi, to wear, to put on
    si metterà? will you wear?
    mi metterò, I'll wear
mezzo, half
mi, to me
mio, m. my, mine

mia, f. my, mine
miei, m. pl. my, mine
mie, f. pl. my, mine
migliorare, to improve
minestra, f. soup
moltissimo, m. very much
moltissima, f. very much
moltissimi, m. very many
moltissime, f. very many
molto, much, very much, a lot
montagna, f. mountain
monte, m. mountain
morire, to die
morto, dead
mostrare, to show
mulo, m. mule
museo, m. museum
musica, f. music

N
nascere, to be born
nascondere, to hide
nascosto, hidden
    ho nascosto, I hid
nato, born
    sono nato, I was born
naturalmente, naturally
negozio, m. store
negozi, m. stores
nel, m. in the
nell', m.f. in the
nella, f. in the
neve, f. snow
nevica, it snows
niente, nothing
no, no

non, not
nonostante, notwithstanding
notte, f. night
   di notte, at night
nove, nine
novembre, m. November
nuotare, to swim

O

occhiali, m. eyeglasses
occupare, to occupy
occupata, f. busy
occupato, m. busy
offrire, to offer
   ho offerto, I offered
oggi, today
ogni, every
ombrello, m. umbrella
opera, f. opera
ora, f. hour
   a che ora? at what time?
   che ora è? what time is it?
organo, m. organ
orologio, m. watch
orribile, m. f. horrible
   è orribile, it's horrible
orrore, m. horror
   che orrore! How horrible!
ospedale, m. hospital
ottenere, to obtain
   ottengo, I obtain
ottime, f. pl. very good
ottimi, m. pl. very good
otto, eight
ottobre, m. October

P

pacco, m. package
padre, m. father
pagare, to pay
pagliaccio, m. clown
paio, m. pair
palazzo, m. building
pane, m. bread
panorama, m. view
pantaloni, m. trousers
parchi, m. parks
parco, m. park
parlare, to talk, to speak
parrucchiere, m. hairdresser
partire, to leave
   a che ora parte?
      at what time do you leave?
      does he, she, it leave?
partito, left
   sono partito, I left
passaporto, m. passport
passare, to pass
passata, f. past
passato, m. past
patata, f. potato
patente, f. car license
paura, f. fear
   ho paura, I am afraid
peggio, worse
penna, f. pen
pensione, f. boarding house
pepe, m. pepper
per, for, through
per favore, please
pera, f. pear
perchè, because, why?

perciò, therefore, so
perdere, to loose
  ho perso, I lost
permesso, m. permission
permesso? may I come in?
pesarsi, to weigh yourself
pesca, f. peach
pesce, m. fish
pettinarsi, to comb yourself
piacere, pleasure, pleased to
    meet you
  con piacere, with pleasure
piacere, to like
  mi piace, I like (it)
  le piace? do you like? (it)
  mi piacciono, I like (them)
  le piacciono? do you like
    (them?)
  mi piacerebbe, I would like
    (it)
  le piacerebbe? would you
    like? (it)
  mi piacerebbero, I would like
    (them)
  le piacciono? do you like
    like? (them)
piangere, to cry
  ho pianto, I cried
piano, m. piano
piatti, m. dishes, plates
piattino, m. saucer (small dish)
piatto, m. dish, plate
piazza, f. square
piccioni, m. pigeons
piccola, f. little, small
piccolo, m. little, small

piove, it rains
piovere, to rain
pipa, f. pipe
piroscafo, m. ship
piscina, f. swimming pool
piselli, m. peas
più, more, plus
più o meno, more or less
pizza, f. pizza
poca, f. little
poco, m. little
  poco tempo fa,
    a short time ago
poesia, f. poem
poliziotto, m. policeman
pollo, m. chicken
poltrona, f. armchair
pomodoro, m. tomato
porta, f. door
portafoglio, m. wallet
portare, to carry, to bring,
    to take
portato, carried, taken
  ho portato, I carried, I took
posso, I can
posto, m. place, seat
potere, to be able
potrò, I'll be able
potrà, you, he, she, it'll be able
preferire, to prefer
preferisco, I prefer
prego, you are welcome
prendere, to take, to have
    (food)
preparare, to prepare
  ho preparato, I prepared

prepararsi, to get ready
presentare, to introduce
preso, taken
   ho preso, I took
presto, soon, early
prima, before
   prima di pranzo, before dinner
prima, f. first
primavera, f. spring
primo, m. first
principale, m.f. principal
professore, m. professor
programma, m. program
proibire, to forbid
   proibisco, I forbid
promettere, to promise
    ho promesso, I promised
pronta, f. ready
pronto, m. ready
prosciutto, m. ham
provare, to try
pulita, f. clean
pulito, m. clean
può, you can, can you?
     he, she, it can, can he,
     she, it?
     you may
     he, she, it may, may he,
     she, it?

Q

qualche, some
quando, when
quanti, how many
quanto, how much

quarto, fourth
  un quarto, a quarter
  (of an hour)
quattro, four
quella, f. that
quello, m. that
questa, f. this
questo, m. this
quindici, fifteen

R

radersi, to shave
radio, f. radio
raffreddarsi, to get cold
raffreddore, m. a cold
ragazze, f. girls
ragazzi, m. boys
ragione, f. reason
  ha ragione, you are right
       he, she, it is right
rapidamente, fast
regalo, m. gift
restare, to stay
restato, stayed (man)
restata, stayed (woman)
restati, stayed (men)
restate, stayed (women)
ricevere, to receive
ricordare, to remember
ricordi, m. souvenirs
ridere, to laugh
ride? do you laugh?
rido, I laugh
  ho riso, I laughed

rimanere, to remain
  sono rimasto, I remained
ringraziare, to thank
  la ringrazio, thank you
riposarsi, to rest
riso, m. rice
rispondere, to answer
  ho risposto, I answered
ristorante, m. restaurant
riuscire, to succeed
  riesco, I succeed
rivista, f. magazine
romani, m. Romans
romanzo, m. novel
rompere, to break
  ho rotto, I broke
rosa, f. rose
rosso, m. red
rotto, broken, torn
rovine, f. ruins

S

sa? do you know?
  so, I know
  non so, I don't know
  non sa, he, she does not know
sabato, m. Saturday
sale, m. salt
salgo, I go up
salire, to go up
salito, gone up
  sono salito, I went up
salotto, m. living room

salutare, to greet
sandali, m. sandals
sapone, m. soap
sarà, he, she, it will be
  sarò, I will be
  saremo, we will be
  saranno, they will be
sardina, f. sardine
sbagliare, to make a mistake
scale, f. stairs
scarpe, f. shoes
scendere, to go down
  sono sceso, I went down
sciarpa, f. scarf
scimmia, f. monkey
scrivere, to write
  scritto, written
  ho scritto, I wrote
scusare, to excuse
  scusi, excuse me
sedano, m. celery
sedersi, to sit down
sedia, f. chair
seduti, m. pl. seated
sei, six
sembrare, to seem
  mi sembra, it seems to me
  le sembra, it seems to you
    it seems to her
  gli sembra, it seems to him
sempre, always
sentire, to hear, to feel
senza, without
sera, f. evening
  buonasera, good evening
serpente, m. snake

sete, f. thirst
  ho sete, I'm thirsty
sette, seven
settembre, m. September
settimana, f. week
sì, yes
siamo, we are
sicuro, sure, surely
sigaretta, f. cigarette
signorina, f. miss
sinistra, f. left
  a sinistra, to the left
smettere, to stop
  ho smesso, I stopped
so, I know
sola, f. alone
soldi, m. pl. money
sole, m. sun
solo, m. alone
sono, I am, they are
sottoveste, f. slip
spendere, to spend
  ho speso, I spent
spengere, to put out (a light)
  ho spento, I put out (past)
sperare, to hope
  spero di sì, I hope so
  spero di no, I hope not
spesso, often
spiaggia, f. beach
spinaci, m. pl. spinach
spogliarsi, to undress
sporca, f. dirty
sporco, m. dirty
sposarsi, to get married
sta, you stay, he, she, it stays

come sta? how are you?
          how is he, she, it?
stamani, this morning
stanca, f. tired
stancarsi, to get tired
  mi stanco, I get tired
stanco, m. tired
stanno, they are, they stay
stasera, to night
stato, been, stayed
  sono stato, I was, I have been
stazione, f. station
stazione di servizio f.
     gasoline station
stelle, f. stars
stiamo, we are, we stay
stirare, to press
straordinaria, f. extraordinary
straordinario, m. extraordinary
studiare, to study
stupendo, m. terrific,
     stupendous
  è stupendo, it's terrific
su, up
sua, f. your, his, her
     yours, his, hers
successo, happened
  cosa è successo?
     what happened?
successo, m. success
suo, m. your, his, her
     yours, his, hers
sul, m. on the
sulla, f. on the
svengo, I faint
svenire, to faint

T

tacchino, m. turkey
tagliarsi, to cut yourself
tanto, so, so much
tardi, late
tassì, m. taxi
tavola, f. table
tavolini, m. small tables
tazza, f. cup
tazzina, f. little cup, demitasse
    cup
taxi, m. taxi
tè, m. tea
teatro, m. theater
telefono, m. telephone
tempo, m. time, weather
televisione, f. television
tenere, to hold, to keep
tengo, I hold
terrazza, f. terrace
tigre, f. tiger
tira vento, it's windy
topo, m. mouse
tornare, to return, to come back
tornato, returned
  sono tornato, I returned (man)
  sono tornata, I returned
    (woman)
torto, m. wrong
  ha torto, he, she is wrong
tovaglia, f. tablecloth
tovagliolo, m. napkin
tradotto, translated
  ho tradotto, I translated
traduco, I translate
tradurre, to translate

tre, three
treno, m. train
triste, m.f. sad
trovare, to find
tulipano, m. tulip
turista, m.f. tourist
tutta, f. all, whole
tutto, m. all, whole
tutto, everything

U

ubbidisco, I obey
ubbidire, to obey
ufficio, m. office
un, m. a, an
una, f. a, an
undici, eleven
università, f. university
uno, m. one, a
uomini, m. men
uomo, m. man
uscire, to go out
uscito, gone out
  sono uscito, I went out
  esco, I go out

V

va, you go, he, she, it goes
  you are going, he, she,
  it is going, do you go?
  does he, she, it go? are you
  going? is he, she, it going?
va bene, it's OK
vacanze, f. vacations
vacca, f. cow
vado, I go, I am going
valigia, f. suitcase

vaso, m. vase
vassoio, m. tray
vedere, to see
  vedo, I see
  vede, you see, he, she, it sees
  vedrò, I'll see
  vedrà, you'll see
      he, she, it will see
  vedremo, we'll see
  vedranno, they'll see
veduto, seen
  ho veduto, I saw
vendere, to sell
venerdì, m. Friday
vengo, I come
venire, to come
vento, m. wind
  tira vento, it's windy
venuto, come (past participle)
  sono venuto, I came
veramente, really
verdura, f. vegetable,
  vegetables
verrò, I'll come
  verrà, you, he, she, it'll come
  verremo, we'll come
  verranno, they'll come
vestirsi, to dress
vestaglia, f. robe (bath robe)
vestito, m. dress, suit
vestito da sera, m. evening gown
via, away

via, f. street
viaggiare, to travel
vicino, near, close to
viene, you come, he, she comes
vincere, to win
  ho vinto, I won
violetta, f. violet
violino, m. violin
visione, f. view, vision
visitano, they visit
visitare, to visit
visite, f. visitors, company
visto, seen
vogliamo, we want
voglio, I want
voglio bene, I love
vogliono, they want, do they
  want?
vivere, to live
  ho vissuto, I lived
volere, to want
volta, f. time
  una volta, one time, once
vuole, you want, he, she wants
  do you want? does he,
  she want?

Z

zia, f. aunt
zio, m. uncle
zucchero, m. sugar

INDEX